L'ANGLAIS EN CLASSE DE ... 4ème

vers la 3ème

GRAMMAIRE + EXERCICES + VOCABULAIRE

A. SPRATBROW

SOMMAIRE

I - GRAMMAIRE ET EXERCICES

II - VOCABULAIRE

Couverture et illustrations intérieures : DELIUS
Mise en couleur : ATOUSSA

ISBN : 2-903891-31-1

AVANT-PROPOS

La série "L'Anglais en classe de ... " accompagnera efficacement les élèves, leur apportera aide et soutien, quelle que soit la méthode utilisée en cours.

Conçus dans le respect des instructions officielles, ces livres présentent le programme grammatical et lexical de chaque classe de collège, et permettent de préparer la classe supérieure.

Ils comportent :

1 - une partie "grammaire et exercices" avec :

- pour comprendre le phénomène grammatical —> **les règles**, expliquées très clairement, avec de nombreux exemples traduits systématiquement

- pour aider à assimiler les structures, et pour s'entraîner —> **de nombreux exercices,** de difficulté croissante à l'intérieur de chaque chapitre : le premier est souvent une simple application de la règle ; le dernier, la plupart du temps présenté sous forme de petit texte, permet d'appliquer la règle en situation et en contexte

- pour permettre une double utilisation —> **tous les exercices sont corrigés, et ces corrigés sont amovibles** ; ils pourront ainsi éventuellement être distribués en fin d'année, et les élèves disposeront d'un cahier de vacances sérieux et complet.

2 - une partie "vocabulaire", qui présente 29 thèmes :

- tous les mots sont systématiquement traduits,
- la phonétique accompagne les mots difficiles,
- des expressions idiomatiques, ou des phrases courantes, terminent chaque chapitre,
- une illustration en couleurs, pour chaque thème, pourra être utilisée comme document iconographique, et ainsi servir de point de départ à une description, une discussion, ou un travail écrit,
- cent phrases permettront de tester les acquis lexicaux.

J'espère que ces livres seront une aide vraie pour mes collègues enseignants et leurs élèves, et je reste à l'écoute des suggestions et remarques qui pourraient en améliorer la qualité.

L'AUTEUR

LE NOM

Il existe des **NOMS DENOMBRABLES**, qui désignent ce que l'on peut compter :
a dog —> *un chien* a table —> *une table* an umbrella —> *un parapluie*
et des **NOMS INDENOMBRABLES**, qui désignent ce que l'on ne peut pas compter :
tea —> *du thé* water —> *de l'eau* music —> *de la musique*
Les noms indénombrables ne peuvent pas se mettre au pluriel, sont toujours suivis d'un verbe au singulier, ne peuvent pas être précédés de "a" ou "an".
Certains noms peuvent être employés comme dénombrables ou indénombrables :
I like tea. Two teas, please.

LE GENRE

Il y a trois genres, en anglais :

le masculin : a man —> *un homme*
a boy —> *un garçon*
my brother —> *mon frère*
| **he**

le féminin : a woman —> *une femme*
a girl —> *une fille*
my sister —> *ma soeur*
| **she**

le neutre, pour désigner les animaux ou les choses :
a bird —> *un oiseau*
a bag —> *un sac*
a table —> *une table*
| **it**

mais on utilise aussi "he" ou "she" pour désigner les animaux que l'on aime, et "she" pour remplacer "car" et "ship" :
I love my little dog, **he** is so sweet !
—> *J'adore mon petit chien, il est si mignon !*

➤ Parfois il existe deux mots différents pour désigner le masculin et le féminin :
an actor —> *un acteur* an actress —> *une actrice*
a lion —> *un lion* a lioness —> *une lionne*
Mais parfois il n'en existe qu'un, et c'est alors le contexte qui nous renseigne :
a friend —> *un ami, une amie*
a teacher —> *un professeur (homme ou femme)*
a neighbour —> *un voisin, une voisine*

LE NOMBRE

Seuls les noms dénombrables peuvent se mettre au pluriel.
La marque du pluriel est "**s**" :
one cat, two cat**s** one car, two car**s**

Mais il y a parfois des modifications orthographiques :

1. **les noms terminés en "s, x, sh, ch, ss" :**
   one bus —> two buses
   one box —> two boxes
   one brush —> two brushes
   one church —> two churches
   one actress —> two actresses

2. **certains noms terminés en "f, fe" :**
   one leaf —> two leaves
   one knife —> two knives

3. **les noms terminés en consonne + "o" :**
   one potato —> two potatoes
   sauf pianos, photos
   one tomato —> two tomatoes

4. **les noms terminés en consonne + "y" :**
   one baby —> two babies
   one story —> two stories

5. **certains mots ont un pluriel irrégulier :**
   one man [æ] —> two men [e]
   one woman ['u-ə] —> two women ['i-i]
   one child [ɑi] —> two children ['i-ə]
   one foot [u] —> two feet [i:]
   one tooth [u:] —> two teeth [i:]
   one mouse [ɑu] —> two mice [ɑi]
   one goose [u:] —> two geese [i:]

➤ Le "s" du pluriel doit toujours s'entendre, et il y a 3 prononciations possibles :
[s] cats, cups [z] dogs, doors, tables [iz] faces, sausages, exercises

➤ **"clothes, trousers, jeans, shorts, pyjamas, scissors, stairs"** sont toujours pluriels :
Where **are** my trousers ? —> *Où est mon pantalon ?*

➤ **"people"** est pluriel mais ne prend pas d's :
People **are** very nice here. —> *Les gens sont très gentils ici.*

➤ **"hair"** est singulier quand il signifie "*les cheveux*". Au pluriel, il a le sens de "*poils*" :
Her hair **is** always dirty. —> *Ses cheveux sont toujours sales.*
He's got long hairs. —> *Il a de longs poils.*

➤ **"luggage"** —> "*les bagages*", **"furniture"** —> "*les meubles*", **"news"** —> "*les informations*", sont singuliers :
Here **is** the news. —> *Voici les informations.*

LES NOMS COMPOSES

Ils sont très nombreux en anglais ; c'est en général le 2ème terme qui prend la marque de pluriel :
one washing machine —> two washing machines
one newspaper —> two newspapers

En principe, s'écrivent en un mot les noms les plus courants, surtout s'ils sont courts, et avec ou sans trait d'union les autres :
an armchair, a fireman, a driving test, a football match

Si le mot se termine par "man", le pluriel sera "men" :
one postman —> two postmen
one fireman —> two firemen

Dans les 5 exercices suivants, indiquer la prononciation des marques de pluriel soulignées : [s], [z] ou [iz] ?

1

1 - pens	2 - books	3 - exercises	4 - rulers
5 - bags	6 - pencils	7 - marks	8 - boxes

2

1 - oranges	2 - cups	3 - forks	4 - glasses
5 - tables	6 - pots	7 - cupboards	8 - chairs

3

1 - faces	2 - fingers	3 - ears	4 - bones
5 - legs	6 - noses	7 - pots	8 - cheeks

4

1 - sausages	2 - carrots	3 - vegetables	4 - cornflakes
5 - sweets	6 - potatoes	7 - cakes	8 - eggs

5

1 - watches	2 - games	3 - puppets	4 - records
5 - cards	6 - sandwiches	7 - kites	8 - computers

6 **Trouver le pluriel des noms :**

1 - a baby	2 - a lady	3 - a boy	4 - a fly
5 - a hobby	6 - a story	7 - a toy	8 - a puppy

Dans les 2 exercices suivants, compléter à l'aide des noms composés voulus :

7

1 - Pupils write their exercises on it : an ______
2 - A tree people decorate for Christmas : a ______
3 - You should walk on it when you cross the street : the ______
4 - A story about gangsters, detectives ... : a ______
5 - The ring you get on the day of your wedding : the ______
6 - A baby, a child, a teenager, a ______.
7 - A hat made of straw : a ______
8 - Boys wear them when they go swimming : ______

8

1 - A tree which grows fruit : a ______
2 - Mum uses it to clean the carpets : a ______
3 - It washes all the dishes at home : the ______
4 - The place where you go skating : the ______
5 - It wakes me up in the morning : my ______
6 - People play tennis on it : a ______
7 - A coat made of fur : a ______
8 - He controls your passport at the customs : the ______

LES ARTICLES, LES DEMONSTRATIFS

L'ARTICLE INDEFINI : "*un, une*"

a
- devant une consonne : a poster
- devant un "h" aspiré : a house
- devant [j] et [w] : a university

an
- devant une voyelle : an orange
- devant un "h" muet : an hour [ɑuə]

A - AN	
S'emploient	Ne s'emploient pas
• avec les dénombrables singuliers : a glass • devant les noms de métiers : He is a doctor. —> *Il est docteur.* • devant les attributs : She became a teacher. —> *Elle est devenue professeur.* • dans certaines expressions : - half an hour —> *une demi-heure* - five times a day —> *cinq fois par jour* - twice a week —> *deux fois par semaine* - what a pity ! —> *quel dommage !* - at 50 miles an hour —> *à 50 miles à l'heure* • derrière les prépositions : - as a nurse —> *comme infirmière* - without a hat —> *sans chapeau* • derrière "such", "what" —> voir le chapitre sur l'exclamation page 72	• avec les indénombrables : tea • avec les dénombrables pluriels : She's brought apples. —> *Elle a apporté des pommes.*

L'ARTICLE DEFINI : "*le, la, les*" —> the [ðə]

Se prononce [ði] devant une voyelle ou un "h" muet. Il s'emploie avec les dénombrables ou indénombrables, au singulier ou au pluriel, mais uniquement lorsque le mot qu'il détermine est bien défini, précis, identifié. Il ne s'emploie jamais pour exprimer une notion générale, abstraite.

THE	
S'emploie	Ne s'emploie pas
• devant un dénombrable singulier, précis : The girl over there is my sister. —> *La fille là-bas est ma soeur.* • devant un dénombrable pluriel, précis : I like the flowers she buys. —> *J'aime les fleurs qu'elle achète.*	• devant un dénombrable singulier, sens général : I love adventure. —> *J'adore l'aventure.* • devant un dénombrable pluriel, sens général : Cars are expensive in Germany. —> *Les voitures sont chères en Allemagne.*

• devant un indénombrable singulier précis : The tea she makes is very good. —> *Le thé qu'elle fait est très bon.* • pour désigner un élément unique : - the sun —> *le soleil* - the moon —> *la lune*	• devant un indénombrable singulier, sens général : I love tea. —> *J'adore le thé.* • après "whose" et le cas possessif : Whose book is this ? —> *A qui est ce livre ?* It's Bob's record. —> *C'est le disque de Bob.*
• devant les noms de pays au pluriel (sauf "Wales"), les noms de fleuves, de mers : - the United States —> *les Etats-Unis* - the Thames —> *la Tamise* - the Channel —> *la Manche*	• devant les noms de pays au singulier : - England —> *l'Angleterre* - Scotland —> *l'Ecosse* sauf : - the United Kingdom —> *le Royaume-Uni*
• devant un titre sans le nom : - the queen —> *la reine* • dans certaines expressions : - to play the piano —> *jouer du piano* • devant les adjectifs substantivés : - the rich —> *les riches* • devant les numéraux ordinaux : - the first —> *le premier* - the third —> *le troisième*	• devant un titre suivi d'un nom propre : - Queen Elizabeth —> *la Reine Elizabeth* • dans certaines expressions : - to play football —> *jouer au football* - at church —> *à l'église* - at school —> *à l'école* • avec les maladies, les jeux, les repas, les saisons, en général : - Breakfast is ready. —> *Le petit déjeuner est prêt.* - I don't like winter. —> *Je n'aime pas l'hiver.*

➤ On utilise "**the**" devant les mots "church", "school", "hospital", "bed" lorsqu'ils désignent le lieu, mais "**Ø**" lorsqu'ils désignent la fonction :

The church is empty. —> *L'église est vide.*
She goes to church every Sunday.
—> *Elle va à l'église tous les dimanches.*
The hospital isn't far from here. —> *L'hôpital n'est pas loin d'ici.*
She had to go to hospital after the accident.
—> *Elle a dû aller à l'hôpital après l'accident.*

LES DEMONSTRATIFS

THIS : *ce ... (ci), cette ... (ci), celui-ci, celle-ci, ceci* **THESE** : *ces ... (ci), ceux-ci, celles-ci*	**THAT** : *ce ... (là), cette ... (là), celui-là, celle-là, cela* **THOSE** : *ces ... (là), ceux-là, celles-là*
Pour désigner ce qui est proche, dans le temps ou l'espace, ou ce que l'on aime bien : The weather's fine this week. —> *Il fait beau cette semaine-ci.* This is my brother Tom. —> *Voici mon frère Tom.*	Pour désigner ce qui est loin, dans le temps ou l'espace, ou ce que l'on n'aime pas : It was more difficult in those days. —> *C'était plus difficile à cette époque-là.* I hate that boy ! —> *Je déteste ce garçon-là.*

9 **Compléter à l'aide de "a, an", si nécessaire :**

1 - I read _____ good book last week.
2 - Why didn't you take _____ taxi ?
3 - I went to _____ good school in Brighton.
4 - She isn't _____ very good pupil.
5 - He keeps _____ ducks and _____ hens in his house !
6 - Living near _____ airport is very tiring !
7 - He's giving _____ party next week.
8 - There's _____ bottle of _____ milk in the fridge.

10 **Transformer les phrases comme dans l'exemple :**

Exemple **:** Girls are good actresses. (know - bad) —> I don't agree with you, the girls I know are very bad actresses !

1 - Boys are good surfers. (know - bad)
2 - Houses are expensive in England. (they sell here - cheap)
3 - Men are wonderful musicians. (know - horrible)
4 - Lorry drivers travel a lot. (know - stay at home very often)
5 - Children are impossible. (who live next door - quiet)
6 - Women don't like wine. (who live here - drink alcohol)
7 - Pilots earn a lot of money. (who work here - poor)
8 - Meetings are boring. (I go to - interesting)

Dans les 2 exercices suivants, compléter à l'aide de "a" ou "the", si nécessaire :

11

1 - Would you like _____ cup of tea ?
2 - _____ prison I've visited is very modern.
3 - _____ girl I love is called Ann.
4 - Mike, you're _____ hero !
5 - She lives in _____ North of _____ France.
6 - I play _____ tennis in _____ summer.
7 - She works as _____ nurse in _____ hospital.
8 - My Dad's _____ butcher.

12

1 - She doesn't go to _____ church.
2 - _____ old people are difficult to please sometimes.
3 - I don't think it's _____ good idea.
4- I hate _____ tomatoes and _____ carrots.
5 - _____ English people are bad at _____ languages.
6 - I don't like _____ boys who are over there.
7 - If they catch him they'll send him to _____ prison.
8 - _____ young people all wear _____ jeans.

13 Compléter à l'aide de "the", si nécessaire :

1 - I hate ______ spiders !
2 - Can you show me ______ second book ?
3 - ______ dolphins are very nice ______ animals.
4 - ______ teachers are usually very clever !
5 - ______ English people love ______ animals.
6 - Can you switch ______ radio on, please ?
7 - ______ school she goes to isn't very far.
8 - He collects ______ insects.

14 Compléter à l'aide des articles "a, an" ou "the", si nécessaire :

- "Have you ever seen 1) ______ lion ?"

- "No, and anyway, I hate 2) ______ lions, 3) ______ tigers, 4) ______ crocodiles ... ; I only like 5) ______ pets like 6) ______ cats and 7) ______ dogs. I remember seeing 8) ______ snake on television ; it was 9) ______ animal which lived in 10) ______ jungle, and it was horrible !"

- "I must say all 11) ______ children I know are interested in 12) ______ forests, 13) ______ trees ... At 14) ______ school, our teachers tell us to love and respect 15) ______ nature. It's so important ! Can you imagine anything more beautiful than 16) ______ sun, 17) ______ moon, 18) ______ river in 19) ______ country, a bird in 20) ______ tree ... ?"

LES NUMERAUX CARDINAUX ET ORDINAUX

LES NUMERAUX CARDINAUX

1 : one 2 : two 3 : three 4 : four 5 : five 6 : six 7 : seven 8 : eight
9 : nine 10 : ten 11 : eleven 12 : twelve 13 : thirteen 14 : fourteen
15 : fifteen [i-'i:] 16 : sixteen 17 : seventeen 18 : eighteen 19 : nineteen
20 : twenty 21 : twenty-one ... 30 : thirty ... 37 thirty-seven ... 40 : forty ...
48 : forty-eight ... 50 : fifty ... 60 : sixty ... 79 : seventy-nine ...
100 : one hundred ['ʌ-ə] ... 143 : one hundred and forty-three ...
579 : five hundred and seventy-nine ... 1000 : one thousand ['ɑu-ə] ...
10 856 : ten thousand, eight hundred and fifty-six 50 819 724 : fifty million, eight hundred and nineteen thousand, seven hundred and twenty four

- ➤ On met toujours "and" entre le chiffre des centaines et celui des dizaines.
- ➤ **"hundred"**, **"thousand"**, **"million"** sont invariables quand ils sont adjectifs, mais prennent un "s" quand ils sont suivis de "of" car ce sont alors des noms :

  There were three hundred people there.
  —> *Il y avait trois cent personnes là-bas.*
  Thousands of boys came.
  —> *Des milliers de garçons sont venus.*
- ➤ **Pour les prix** : £ 2.50 : two pounds fifty (pence)
- ➤ **Pour les mesures** : 10 ft. 4 ins. : ten feet four inches
- ➤ **"a dozen"** est suivi directement du nom :

  a dozen eggs —> *une douzaine d'œufs*
- ➤ Quand on associe cardinaux et ordinaux, il faut faire attention à l'ordre des mots :

  the first two weeks —> *les deux premières semaines*
  the last three months —> *les trois derniers mois*

LES NUMERAUX ORDINAUX

Ils sont précédés de "the". On les obtient en ajoutant "**th**" aux cardinaux, sauf les trois premiers de chaque dizaine, qui sont irréguliers. Ils donnent une idée d'ordre :

one —> the first
(*le premier, la première, les premiers ...*)
two —> the second
three —> the third
four —> the fourth
five [ɑi] —> the fi**fth** [i]
six —> the sixth

seven —> the seventh
eight —> the eighth
nine —> the nin**th**
ten —> the tenth
eleven —> the eleventh
twelve —> the twel**fth**
twenty —> the twent**ieth**
thirty —> the thirt**ieth**

- ➤ Attention aux deux lettres derrière les nombres : 1st, 2nd, 3rd, 21st, 32nd, 43rd, **mais** 11th
- ➤ Attention de bien lire : Elizabeth II —> the second
  Henry VIII —> the eighth

LES JOURS

Sunday ['ʌ-i] —> *dimanche* **Monday** ['ʌ-i] —> *lundi* **Tuesday** ['iu:-i] —> *mardi* **Wednesday** ['e-i] —> *mercredi*	**Thursday** ['ə:-i] —> *jeudi* **Friday** ['ɑ:-i] —> *vendredi* **Saturday** ['æ-ə-i] —> *samedi*

LES MOIS

January —> *janvier* **February** —> *février* **March** —> *mars* **April** ['ei-ə] —> *avril* **May** —> *mai* **June** [u:] —> *juin*	**July** [u-'ɑi] —> *juillet* **August** —> *août* **September** —> *septembre* **October** —> *octobre* **November** —> *novembre* **December** —> *décembre*

LA DATE

Les noms de jours et de mois prennent une majuscule en anglais.
Il faut utiliser un numéral ordinal pour indiquer la date.
On écrit : Friday, July 13th 1953 **ou** Friday 13th July 1953
On lit : Friday, July the thirteenth **ou** the thirteenth of July, nineteen fifty-three

➤ Ne jamais utiliser le mot "thousand" pour lire la date.
➤ La date est précédée de "on" quand elle est complément circonstanciel :
They came on the second of June. —> *Ils sont venus le 2 juin.*

L'HEURE

Il faut commencer par lire les minutes, puis "**past**" après l'heure, à droite de l'horloge, et "**to**" avant l'heure suivante, à gauche de l'horloge :

What time is it ? —> *Quelle heure est-il ?*
It's four (o'clock) : *il est 4 h*
five past four —> *4 h 05*
ten past four —> *4 h 10*
(a) quarter past four —> *4 h 15*
twenty past four —> *4 h 20*
twenty-five past four —> *4 h 25*
half past four —> *4 h 30*
twenty-five to five —> *5 h - 25*
twenty to five —> *5 h - 20*
a quarter to five —> *5 h - 15*
ten to five —> *5 h - 10*
five to five —> *5 h - 5*
five (o'clock) —> *5 h*

15 **Ecrire les heures en lettres (It's ...) :**

1 - 3 h	2 - 4 h 10	3 - 7 h - 20	4 - 8 h 15
5 - 10 h - 25	6 - 11 h 05	7 - 16 h 30	8 - 18 h 50

Dans les 3 exercices suivants, écrire les nombres en lettres :

16

1 - 12	2 - 21	3 - 38	4 - 83
5 - 67	6 - 99	7 - 75	8 - 44

17

1 - 15	2 - 50	3 - 70	4 - 17
5 - 30	6 - 13	7 - 40	8 - 14

18

1 - 237	2 - 458	3 - 713	4 - 5 223
5 - 12 741	6 - 527 939	7 - 1 243	8 - 17 726

19 **Ecrire les numéraux ordinaux en lettres :**

1 - le 1er	2 - le 24^{e}	3 - le 73^{e}	4 - le 85^{e}
5 - le 97^{e}	6 - le 46^{e}	7 - le 38^{e}	8 - le 12^{e}

20 **Ecrire les années en lettres :**

1 - 1984	2 - 1778	3 - 1993	4 - 1515
5 - 1637	6 - 1733	7 - 1882	8 - 1954

21 **Ecrire, puis lire les dates, comme dans l'exemple :**

Exemple **:** mardi 22 juin 1991 —> Tuesday, June 22nd 1991 :
They came on Tuesday, the twenty-second of June, nineteen ninety-one.

1 - mercredi 20 avril 1925
2 - samedi 12 mai 1992
3 - lundi 31 août 1789
4 - vendredi 2 octobre 1625
5 - dimanche 11 septembre 1833
6 - jeudi 25 juillet 1954
7 - mardi 13 décembre 1532
8 - mercredi 1 avril 1994

LES QUANTIFICATEURS, LA NOTION DE QUANTITE

"SOME - ANY - NO"

"SOME, ANY" peuvent s'employer avec des indénombrables singuliers ou avec des dénombrables pluriels —> "*du, de la, des*"

SOME	ANY
• phrases affirmatives : There will be some girls, too. *—> Il y aura des filles aussi.* • phrases interrogatives qui expriment des demandes polies (on s'attend à une réponse en "yes") : Can I have some water, please ? *—> Puis-je avoir de l'eau s'il vous plaît ?*	• phrases négatives : There isn't any milk ! *—> Il n'y a pas de lait !* • phrases interrogatives qui servent à demander des renseignements (on ignore si la réponse sera "yes" ou "no") : Have they got any cigarettes here ? *—> Ont-ils des cigarettes ici ?*

➤ **"no"** signifie "*pas de*", et est synonyme de "not any" :
I'm sorry but we have no paint here.
—> Je suis désolé mais nous n'avons pas de peinture ici.

➤ **"any"** peut être employé dans des phrases affirmatives, avec le sens de "*n'importe*" :
She's ready to taste any of these cakes !
—> Elle est prête à goûter n'importe lequel de ces gâteaux !

AUTRES QUANTIFICATEURS

1. "*BEAUCOUP DE* " :

"a lot of " + singulier, **"lots of "** + pluriel (formes affirmatives) :
Lots of spectators enjoyed the film.
—> Beaucoup de spectateurs ont apprécié le film.

"much" + singulier, **"many"** + pluriel (formes interrogatives et négatives) :
Are there many pupils in your school ?
—> Y-a-t-il beaucoup d'élèves dans ton école ?

"plenty of" (idée d'abondance) + singulier ou pluriel :
She eats plenty of sweets ! —> Elle mange plein de bonbons !

2. "*TROP DE* " :

"too much" + singulier, **"too many"** + pluriel :
She gives us too much work. —> *Elle nous donne trop de travail.*

3. "*TANT DE* " :

"so much" + singulier, **"so many"** + pluriel :
He asks so many questions ! —> *Il pose tant de questions !*

4. "*COMBIEN DE* " :

"how much" + singulier, **"how many"** + pluriel :

How many guests came ? —> *Combien d'invités sont venus ?*

5. "*LA PLUPART DE* " :

"most" (général), **"most of"** (particulier) + pluriel :

Most people won't stay. —> *La plupart des gens ne resteront pas.*
Most of them understood. —> *La plupart d'entre eux ont compris.*

6. "*PLUSIEURS* " :

"**several**" + pluriel :

She's made several cakes. —> *Elle a fait plusieurs gâteaux.*

7. "*LES DEUX* " :

"**both**" + pluriel :

Both sisters laughed. —> *Les deux sœurs ont ri.*

8. "*TOUT, TOUS* " :

"**all the**" + singulier ou pluriel :

Don't repeat all the names ! —> *Ne répète pas tous les noms !*

9. "*QUELQUES* " :

"**a few**" + pluriel :

Can you give me a few examples ?
—> *Peux-tu me donner quelques exemples ?*

10. "*PEU DE* " :

"few" + pluriel, **"little"** + singulier :

I've invited few teenagers. —> *J'ai invité peu d'adolescents.*

11. "*UN PEU DE* " :

"a little" + singulier :

I drink a little wine sometimes. —> *Je bois un peu de vin parfois.*

12. "*CHAQUE* " :

"every" + singulier :

Do you go to school every day ? —> *Vas-tu à l'école chaque jour ?*

➤ **"enough"** —> "*assez*", se place devant le nom, singulier ou pluriel, mais derrière l'adjectif :

Don't you think you've got enough money ?
—> *Ne penses-tu pas que tu as assez d'argent ?*
It's long enough. —> *C'est assez long.*

➤ Tous ces quantificateurs, sauf **"every"**, peuvent être pronoms :

Some of them are interested. —> *Certains d'entre eux sont intéressés.*
A few of them understand. —> *Quelques uns d'entre eux comprennent.*

Dans les 2 exercices suivants, compléter à l'aide de "some, any" ou "no" :

22

1 - Can I have ______ beer, please ?
2 - Don't make ______ noise, he's sleeping.
3 - Would you like ______ tea now ?
4 - She hasn't got ______ children.
5 - I'm sorry but I can't give you ______ details.
6 - Look, I've bought ______ sweets.
7 - There isn't ______ white paper here !
8 - I'm afraid there's ______ answer. Ring back later !

23

1 - There aren't ______ elephants in France !
2 - He's unhappy because he has ______ friends.
3 - It looks delicious ! Can I have ______ ?
4 - Is there ______ orange juice in the fridge ?
5 - I've never seen ______ flowers in his garden.
6 - She needs ______ stamps for her letters.
7 - I've bought ______ marmelade.
8 - Poor man ! He has ______ job !

24 **Compléter à l'aide de "much, many" ou "lots of" :**

1 - There were ______ people there.
2 - They don't have ______ money.
3 - Have you got ______ relatives in England ?
4 - We were disappointed because we didn't see ______ wild animals.
5 - Does he drink ______ beer ?
6 - We've already visited ______ countries.
7 - I'm afraid he hasn't got ______ time.
8 - She doesn't read ______ novels.

25 **Compléter à l'aide de "too much, too many, so much, so many" ou "every" :**

1 - He's got ______ friends that his house is always full !
2 - She's got ______ pets !
3 - Does she come ______ day ?
4 - She eats ______ potatoes, that's why she's so fat !
5 - ______ young woman smiled at the idea.
6 - She makes ______ mistakes that her teachers are getting desperate !
7 - Don't speak ______, will you !
8 - She gives us ______ homework !

26 **Compléter à l'aide de "much, many" ou leurs composés "so much, too many ..." :**

1 - ______ bags have you lost ?
2 - There aren't ______ girls in my team.
3 - This is ______ ! Stop it at once !
4 - He's written ______ songs that I don't remember them all !
5 - ______ money have you got left ?

6 - As she goes to school, she doesn't have ______ free time.
7 - We have ______ lessons to learn !
8 - There were ______ people that we couldn't see anything !

27 Compléter à l'aide de "few, a few, little" ou "a little" :

1 - I've had ______ problems with them.
2 - Give me ______ more time, please.
3 - I'm afraid I've only got ______ petrol left.
4 - She feels unhappy in France ; she has very ______ friends.
5 - She ordered ______ books and went out.
6 - I'm afraid only ______ people will believe you !
7 - He drinks very ______ alcohol.
8 - There are very ______ mistakes in this dictation, congratulations !

28 Compléter à l'aide des quantificateurs voulus :

Yesterday, I didn't have 1)______ time, but the fridge was empty, so I decided to go and get 2)______ food. I haven't got 3)______ friends in town, only a few, and my car was at the garage, that's why I had to call a taxi. I had 4)______ things to buy that I couldn't go there on foot ! I spent 5)______ time waiting for one, but didn't see 6)______ ! Finally, a taxi arrived and drove me to the supermarket. I asked one of the employees 7)______ the whisky was, but it was too expensive, and I went on. A few minutes later, my shopping trolley was full, and I realized I had 8)______ things ! It would cost me a fortune ! Unfortunately, I didn't have 9)______ money ... only 10)______ pounds in my purse ! What could I do ?

LES PRONOMS INDEFINIS

Ils sont formés sur **"some, any, no"** et suivent les mêmes règles d'emploi (voir le chapitre page 15).

1. **something** —> *quelque chose*
someone = somebody —> *quelqu'un*
somewhere —> *quelque part*

- formes affirmatives
- formes interrogatives lorsqu'on s'attend à une réponse en **"yes"** (questions polies)

Then I heard someone. —> *Puis j'ai entendu quelqu'un.*
Would you like something to drink ? —> *Aimeriez-vous boire quelque chose ?*

2. **anything** —> *quelque chose*
anyone = anybody —> *quelqu'un*
anywhere —> *quelque part*

- formes interrogatives lorsqu'on ignore si la réponse sera **"yes"** ou **"no"**
- formes négatives (dans ce cas, même sens que "nothing" ...)

Did you meet anyone ? —> *As-tu rencontré quelqu'un ?*
She doesn't do anything at home ! —> *Elle ne fait rien à la maison.*

3. **nothing = not anything** —> *rien*
no one = nobody = not anyone = not anybody —> *personne*
nowhere = not anywhere —> *nulle part*

She said nothing. = She didn't say anything. —> *Elle n'a rien dit.*

4. **everything** —> *tout*
everyone = everybody —> *tout le monde*
everywhere —> *partout*

Everybody laughed. —> *Tout le monde a ri.*

Tous ces pronoms peuvent être suivis de **"else"** : *"autre"* :
I noticed something else. —> *J'ai remarqué autre chose.*

Dans les 3 exercices suivants, compléter à l'aide des pronoms indéfinis voulus :

29

1 - ______ incredible happened to me yesterday !
2 - Would you like ______ to drink ?
3 - I wonder why ______ wants to live here ! Is it haunted ?
4 - I'm afraid there's ______ at home tonight. They're all out.
5 - I can't live ______ else !
6 - ______'s listening, you can tell me your secret !
7 - I forgot to tell you ______.
8 - I've looked everywhere, but I haven't found ______.

30

1 - Then, I heard a voice outside : ______ was speaking.
2 - I realized there was ______ wrong, but I didn't know what.
3 - He said ______ and remained silent.
4 - When he goes fishing, he never catches ______.
5 - ______ speaks to him, he's so stupid !
6 - Stop it ! ______'s looking at you !
7 - ______ is afraid of spiders ! It's normal !
8 - Are they going ______ on holiday ?

31

1 - I can't hear ______ ! Can you shut up, all of you !
2 - Look ! I've found ______ interesting !
3 - ______ lives here. It's an empty house.
4 - He takes his dog with him ______ he goes.
5 - ______ has stolen my bag !
6 - His parents give him ______ he wants. He's their only child !
7 - He hasn't explained it to ______.
8 - Would you like ______ to eat now ?

32 **Compléter à l'aide des pronoms indéfinis voulus :**

When I arrived in the house, 1) ______ was quiet. I couldn't see 2) ______, I couldn't hear 3) ______, so I thought 4) ______ lived there. I went in, and suddenly I felt 5) ______ or 6) ______ behind me ; I turned round, but saw 7) ______ at all. I was frightened ! 8) ______ was so strange ! I decided to leave the place, but I was sure 9) ______ would believe me ; 10) ______ would think I was mad !

LA NOTION DE POSSESSION

LE CAS POSSESSIF (GENITIF)

Cette construction permet d'exprimer un rapport de possession : entre un possesseur (généralement une personne) et un possédé (généralement une chose ou un animal).
La question posée est :

Whose book is this ? —> *A qui est ce livre ?*

Possesseur singulier	**Possesseur + 's + possédé sans déterminant** Bob's hat —> *le chapeau de Bob* my brother's socks —> *les chaussettes de mon frère*
Possesseur pluriel régulier	**Possesseur + ' + possédé sans déterminant** his parents' room —> *la chambre de ses parents* the neighbours' car —> *la voiture des voisins*
Possesseur pluriel irrégulier	**Possesseur + 's + possédé sans déterminant** (pas terminé par "s") the children's toys —> *les jouets des enfants*

- En général, on trouvera :
  pour les noms propres "classiques" terminés par "s" —> Dicken<u>s</u>' novels
  pour les noms propres "courants" terminés par "s" —> the Jone<u>s's</u> house
- Quand "le possesseur" est un objet, on emploie généralement "of" :
  the roof of the house —> *le toit de la maison*
- "Le possesseur" peut être précédé d'un article, d'un démonstratif, d'un possessif, mais s'il s'agit d'un nom propre il ne sera précédé d'aucun déterminant : this boy's bike, my Dad's car, Mary's dress
- "Le possédé" n'est jamais précédé d'un déterminant.
- Si le 2ème élément est évident, ou pour éviter une répétition, on peut l'omettre :
  I'm going to the butcher's (shop). —> *Je vais chez le boucher.*
  Whose bike is this ? It's Mike's (bike).
  —> *A qui est ce vélo ? C'est à Mike, c'est celui de Mike.*
- Il ne faut pas confondre cette forme " 's" avec les formes contractées de "be" —> "is" ou de "have" —> "has" :
  Bob's (is) tall. —> *Bob est grand.*

She's (has) got a big flat. —> *Elle a un grand appartement.*

➤ Il ne faut pas confondre :

John and Jim's parents were there.
—> *Les parents de John et Jim (qui sont frères) étaient là.*
John's and Jim's parents were there.
—> *Les parents de John, et ceux de Jim, étaient là.*

➤ Parfois le génitif exprime autre chose qu'un rapport de possession :

today's paper —> *le journal d'aujourd'hui*
an hour's walk —> *une promenade à pied d'une heure*
a month's holiday —> *des vacances d'un mois*

LES ADJECTIFS ET LES PRONOMS POSSESSIFS

Ils sont invariables. C'est le possesseur, et non le possédé, qui détermine le choix du possessif.

Adjectifs possessifs (précèdent le nom)	Pronoms possessifs (remplacent le nom)
my —> *mon, ma, mes*	**mine** —> *le mien, les miens* *la mienne, les miennes*
your —> *ton, ta, tes*	**yours** —> *le tien, les tiens* *la tienne, les tiennes*
his —> *son, sa, ses* (possesseur masculin)	**his** —> *le sien, les siens* *la sienne, les siennes* (poss. masc.)
her —> *son, sa, ses* (possesseur féminin)	**hers** —> *le sien, les siens* *la sienne, les siennes* (poss. fém.)
its —> *son, sa, ses* (possesseur neutre)	**its** —> *le sien, les siens* *la sienne, les siennes* (poss. neutre)
our —> *nôtre, nos*	**ours** —> *le nôtre, les nôtres, la nôtre*
your —> *vôtre, vos*	**yours** —> *le vôtre, les vôtres, la vôtre*
their —> *leur, leurs*	**theirs** —> *le leur, les leurs, la leur*

Attention donc à la 3ème personne du singulier !

Look at
- Kate's doll ! —> *Regarde la poupée de Kate !*
- her doll ! —> *Regarde sa poupée ! (à elle)*
- hers ! —> *Regarde la sienne !*

Give me
- Jim's shirt. —> *Donne-moi la chemise de Jim.*
- his shirt. —> *Donne-moi sa chemise. (à lui)*
- his. —> *Donne-moi la sienne.*

➤ On trouve souvent cette structure :

I saw one of your friends yesterday. —> I saw **a friend of yours** yesterday.
—> *J'ai vu l'un de tes amis hier.*

➤ Pour renforcer l'idée de possession, on peut trouver **"own"** :

He's got his own room. —> *Il a sa propre chambre.*

Dans les 2 exercices suivants, utiliser les mots entre parenthèses pour former le cas possessif. Faire très attention aux déterminants :

33

1 - ______ is History.(hobby - Tom)
2 - I know ______. (name - boy)
3 - It's ______ on Monday. (birthday - sister)
4 - ______ is very exciting. (job - Bob)
5 - She's ______. (wife - manager)
6 - What's the name of ______ ? (penfriend - Sue)
7 - You should phone ______. (parents - boys)
8 - Now it's ______. (turn - brother)

34

1 - You can borrow ______ if you want. (car - husband)
2 - I'm sure ______ is broken. (bike - girl)
3 - Where are ______ ? (rooms - friends)
4 - I fell in ______ yesterday. (garden - grandparents)
5 - After ______ he went back to bed. (visit - doctor)
6 - ______ is faster than mine. (moped - Paul)
7 - ______ has bitten me ! (dog - neighbours)
8 - ______ refused to talk about it. (uncle - Jane)

35

Compléter à l'aide d'un déterminant, si nécessaire :

1 - ______ man's ______ dog jumped at her !
2 - Can I wear ______ John's ______ shoes tonight ?
3 - I loved ______ Patrick's ______ brother when I was younger.
4 - Could you go to ______ butcher's for me please ?
5 - ______ poor boy's ______ bike was broken !
6 - Ask ______ Mary's ______ mother, she'll probably know !
7 - I met ______ parents' ______ friends last month, they're very pleasant.
8 - Whose ______ cup is it ? It's ______ father's.

36

Remplacer les mots soulignés par les adjectifs possessifs voulus :

1 - They're looking for their uncle's house.
2 - Here's the Beatles' best record.
3 - Shakespeare's plays are famous.
4 - One of Ann's daughters is twelve.
5 - Your country and mine is the best place on earth, isn't it ?
6 - She fell into the policeman's arms.
7 - The Smiths' babies are very quiet.
8 - Paint the crocodile's head brown.

37

Travailler comme dans l'exemple :

Exemple : car - my father —> Whose car is it ?
- It's my father's. - Oh, are you sure it's his ?

1 - camera - Dad
2 - shop - Mrs Benson

3 - bag - the neighbour
4 - office - the headmaster
5 - shoes - my sisters
6 - motorbike - we
7 - trousers - I
8 - children - my cousins

38

Compléter à l'aide des pronoms possessifs voulus :

1 - Is it Sally's book ? Yes, it's ______
2 - Is it Mr Pierce's hi-fi set ? Yes, it's ______.
3 - Are these your jeans ? Yes, they're ______.
4 - Is it his wife's dress ? Yes, it's ______.
5 - Are they Pam and John's parents ? Yes, they're ______.
6 - Is it the cat's blanket ? Yes, it's ______.
7 - Are these our cups ? Yes, they're ______.
8 - Is it the children's book ? Yes, it's ______.

39

Compléter à l'aide des pronoms ou adjectifs possessifs voulus, ou à l'aide du cas possessif :

When Dad came home from 1) ______ office, he noticed 2)Kate ______ car wasn't in the garage ; he thought she'd gone out again, and didn't like the idea at all ! We aren't afraid of 3) ______ father, but when he gets angry we never know what 4) ______ reactions will be ... Mum started talking about something else ; "darling", she said, "it's 5) ______ little 6)Jane ______ birthday today ; where's 7) ______ present ?" "Oh ! dear", answered Dad, "I've left it on 8) ______ desk, and I can't go and get it, it's too late ! Why didn't you phone me ? It's 9) ______ fault !" Mum smiled and thought : "of course it's my fault, it can't be 10) ______, darling, can it ?"

LES PRONOMS PERSONNELS, RECIPROQUES ET REFLECHIS

LES PRONOMS PERSONNELS

Sujets	Compléments
I —> *je*	**me**
you —> *tu*	**you**
he —> *il* (masculin)	**him**
she —> *elle* (féminin)	**her**
it —> *il, elle* (neutre)	**it**
we —> *nous*	**us**
you —> *vous*	**you**
they —> *ils, elles*	**them**

Patty's nice. —> She's nice. —> *Elle est gentille.*
Where's John ? —> Where's he ? —> *Où est-il ?*

➤ Le pronom personnel complément se place toujours après le verbe :
He's speaking to Jack. —> He's speaking to him. —> *Il lui parle (à lui).*
Stay with Sam and Bob. —> Stay with them. —> *Reste avec eux.*

➤ Pour les animaux, ou même parfois les voitures, motos … que l'on aime, on peut utiliser "he" ou "she" à la place de "it" (voir le chapitre sur le nom, page 5).

LES PRONOMS RECIPROQUES, LES PRONOMS REFLECHIS

Pronoms réciproques	Pronoms réfléchis
each other —> *l'un l'autre*	**myself**
one another —> *les uns les autres*	**yourself**
	himself (masculin)
	herself (féminin)
	itself (neutre)
	ourselves
	yourselves
	themselves

LES PRONOMS RÉCIPROQUES renvoient "à l'autre" ou "aux autres" ; en principe on utilise "each other" lorsqu'il y a deux personnes et "one another" lorsqu'il y a plus de deux personnes ; mais en fait, les deux s'utilisent indifféremment. Ils sont invariables :

They're looking at each other. —> *Ils se regardent (l'un l'autre).*
They love one another. —> *Ils s'aiment (les uns les autres).*

LES PRONOMS RÉFLÉCHIS renvoient "à soi-même". Ils s'emploient lorsque le sujet et le complément représentent la même personne :

She's looking at herself in the mirror. —> *Elle se regarde dans le miroir.*

On peut les utiliser pour insister sur le sujet :

I can do it myself ! —> *Je peux le faire moi-même (tout seul).*
He went there by himself. —> *Il y est allé tout seul.*

➤ L'Anglais n'emploie aucun pronom avec :

to fight —> *se battre*
to meet —> *se rencontrer*
to quarrel —> *se disputer*
to wash —> *se laver*
to shave —> *se raser*

to get up —> *se lever*
to wake up —> *se réveiller*
to sit down —> *s'asseoir*
to stand up —> *se lever*
to wonder —> *se demander*

40 **Remplacer les mots soulignés par les pronoms personnels sujets ou compléments voulus :**

1 - Mum always cooks dinner for my brothers and me.
2 - My husband and I are going out with our friends tonight.
3 - I like John very much.
4 - Our teachers make my sister and me work hard.
5 - Mrs Price told Mary to come with her children.
6 - Why didn't the neighbours invite Diana and Stephen as well ?
7 - Could Mike guess where Mum and I have put the clothes ?
8 - Some of the pupils start school earlier.

41 **Remplacer les mots soulignés par les pronoms personnels compléments voulus :**

1 - He fell in love with Anny last year.
2 - This house belongs to Mr and Mrs Carter.
3 - Are you afraid of insects ?
4 - Mum's very angry with Mike.
5 - What's the matter with Paul ?
6 - Can you bring Nelly and me some shampoo, please ?
7 - He's built his new house on top of a hill.
8 - Come and do your shopping with (I), I've got my car !

42 Compléter à l'aide des pronoms réfléchis voulus :

1 - Listen ! He's talking to ______ !
2 - I'll speak to his parents ______.
3 - We painted it ______ ; do you like it ?
4 - Can't you do the job ______, Dad ?
5 - She always looks at ______ in the mirror.
6 - We enjoyed ______ very much.
7 - Can't he cook his dinner ______ ?
8 - They've recorded it ______, it's interesting.

43 Compléter, si nécessaire, à l'aide de pronoms réfléchis ou réciproques :

1 - He always gets up and washes ______ before she does.
2 - Why don't you repair it ______, Maureen ?
3 - We're friends, and we know ______ very well.
4 - They kissed ______ and went away.
5 - I'm sure he finished it ______.
6 - I don't know if we'll see ______ again.
7 - When did we meet ______ for the last time ?
8 - We knew it would be too difficult for him, so we did it ______.

44 Compléter, si nécessaire, à l'aide de pronoms personnels, réfléchis ou réciproques :

- "Mary, you should dress 1)______ better, and look at 2)______ in the mirror from time to time ! Your hair's too long, and 3)______'s often dirty ! What will people think of 4)______ ? Make an effort, darling !"

- "But Mum, you always tell 5)______ the same things ! And so does Dad ! Can't you stop quarrelling 6)______ about me ? Anyway, we'll never agree 7)______ ! My best friend's parents are so different ! They don't look at 8)______'s clothes all the time ! She's very happy, she can be 9)______ !"

- "OK darling, but I won't tell your Dad ! Tell him 10)______ !"

L'ADJECTIF

Il est invariable.

Il peut être **- simple** : clever —> *intelligent*
- dérivé, formé à l'aide d'un préfixe ou d'un suffixe :

	pleasant —> *agréable*	un	unpleasant —> *désagréable*
	happy —> *heureux*	un	unhappy —> *malheureux*
	employed —> *qui a du travail*	un	unemployed —> *au chômage*
	possible —> *possible*	im	impossible —> *impossible*
ful	useful —> *utile*	less	useless —> *inutile*
ful	hopeful —> *plein d'espoir*	less	hopeless —> *sans espoir*

- composé : le 2ème mot est le plus important, car il donne le sens, alors que le 1er terme le précise :

- adjectif + adjectif : dark-blue —> *bleu foncé*
- adjectif ou adverbe + participe présent : sad-looking —> *qui a l'air triste*
- adjectif ou nom + participe passé : hand-made —> *fait à la main*
  ice-covered —> *couvert de glace*
- adjectif + nom + "ed" : blue-eyed —> *aux yeux bleus*
- nom + adjectif : snow-white —> *blanc comme neige*

- substantivé :
certains adjectifs peuvent être employés comme des noms ; ils sont précédés de "the", ont un sens pluriel, mais ne prennent pas la marque de pluriel. Ils désignent toujours une catégorie entière. Les plus courants sont :
the rich, the poor, the young, the old, the unemployed

➤ **Les adjectifs et noms de nationalité :**
- seul l'adjectif existe, on lui ajoute "man, woman" :
  English —> an Englishman ; Irish —> an Irishman
- l'adjectif et le nom sont identiques :
  Italian —> an Italian, two Italians
  American, Indian, Canadian, Belgian, Austrian, German ...
- l'adjectif et le nom sont différents, et le nom peut se mettre au pluriel :
  Spanish —> a Spaniard, two Spaniards
  Swedish —> a Swede ; British —> a Briton ...
- l'adjectif et le nom sont différents, mais le nom est invariable :
  Chinese —> a Chinese, two Chinese
  Japanese ...

➤ L'adjectif peut être modifié par un adverbe :
He was **nearly** dead. —> *Il était presque mort.*
It's **too** easy. —> *C'est trop facile.*
Isn't it **a bit** expensive ? —> *N'est-ce-pas un peu cher ?*

➤ L'adjectif se place devant le nom s'il est épithète (sauf s'il est suivi d'un complément), et comme en français s'il est attribut :

an easy exam —> *un examen facile*
a room full of smoke —> *une pièce pleine de fumée*
She is beautiful. —> *Elle est jolie.*

➤ Ne sont jamais épithètes : **"alive, alone, asleep, ill, well"** :

He is asleep. —> a sleeping man

➤ Quand il y a plusieurs adjectifs épithètes, ils se placent tous les uns à côté des autres, dans l'ordre suivant :

qualité ou appréciation personnelle	taille, dimension	âge	couleur	nationalité, marque
She was a lovely,	tall,	young,	blonde,	French girl.

➤ Certains adjectifs sont toujours suivis d'une préposition :

interested in —> *intéressé par*
angry with —> *en colère contre*
pleased with —> *satisfait de*
afraid of —> *qui a peur de*
proud of —> *fier de*

45 **Trouver le suffixe qui permet de former des adjectifs à partir des mots suivants. Seuls trois d'entre eux ne formeront pas leurs contraires avec "less" ; lesquels ?**

1 - wonder 2 - hope 3 - care 4 - success
5 - beauty 6 - help 7 - use 8 - power

46 **Former le contraire des adjectifs suivants, à l'aide de préfixes :**

1 - polite 2 - happy 3 - friendly 4 - perfect
5 - patient 6 - conscious 7 - lucky 8 - usual

47 **Compléter à l'aide des prépositions voulues :**

1 - James is very interested ____ computers.
2 - Is he pleased ____ his new toy ?
3 - She's frightened ____ cows and bulls.
4 - My Dad's very good ____ tennis.
5 - Is it very different ____ mine ?
6 - Don't be afraid ____ him !
7 - Yesterday, Dad was very angry ____ my sister.
8 - I can't understand why he's so bad ____ English !

48

Compléter à l'aide des adjectifs composés voulus :

1 - A man who looks sad is a ______ man.
2 - A boy who's got a dark skin is a ______ boy.
3 - A woman who's got blue eyes is a ______ woman.
4 - A girl who looks friendly is a ______ girl.
5 - A man who's got a white face is a ______ man.
6 - A girl who's got long hair is a ______ girl.
7 - An animal which has got four legs is a ______ animal.
8 - A little girl who looks funny is a ______ little girl.

49

Former des phrases correctes à l'aide des éléments proposés :

1 - school - teachers - we - at - got - strict - have - very
2 - time - that - was - at - a - successful - man - he - very - young
3 - language - says - English - a - difficult - she - is
4 - yesterday - I - difficult - but - read - book - was - and - the - interesting - exciting - too
5 - woman - my - Maths - looking - nice - a - teacher - is - young
6 - was - house - poor - old - he - lived - as - he - an - in - little
7 - he - eyes - blonde - is - wonderful - boy - a - hair - blue - little - with - and
8 - expensive - very - the - is - and - it - house - so - new - is

50

Compléter à l'aide des adjectifs suivants :

dark-haired, blue-eyed, hand-made, ice-covered, nice-looking, old-fashioned, light-green, snow-white, white-skinned, dark-blue

It was very cold on that winter evening, and the ground was 1) ______. Prince Charming arrived on his 2) ______ horse and started calling the 3) ______ girl he'd seen once. He could remember her very well : a wonderful 4) ______, 5) ______, 6) ______ young woman. But it was too late, she was probably in her room ; so, he decided to spend the night in the castle. As he was tired, he went upstairs, took off his 7) ______ trousers and his 8) ______ shirt, and went to bed. It was an 9) ______, 10) ______ bed.

LES COMPARATIFS

Ils permettent de comparer.

Egalité —> *"aussi ... que"*	Infériorité —> *"moins ... que"*	Supériorité —> *"plus ... que"*
"as" + adj. ou adv. + "as" His neighbours are as noisy as mine. *—> Ses voisins sont aussi bruyants que les miens.*	**"not as = not so" + adj. ou adv. + "as"** She isn't as clever as her sister. *—> Elle n'est pas aussi intelligente que sa sœur.* **"less" + adj. ou adv. + "than" (rare)** It's less important than I thought. *—> C'est moins important que je ne le pensais.*	- adjectif ou adverbe court : **adj. ou adv. + "-er" + "than"** It's darker than outside. *—> Il fait plus sombre qu'à l'extérieur.* - adjectif ou adverbe long : **"more" + adj. ou adv. + "than"** You should be more careful than that ! *—> Tu devrais faire plus attention que cela !*

➤ On considère que l'adjectif est court s'il a une syllabe, ou s'il en a deux et qu'il se termine par "y" —> busy, "er" —> clever, "ow" —> narrow

➤ Certains adjectifs ou adverbes ont un comparatif de supériorité irrégulier :
good, well —> **better than** —> *meilleur que*
bad —> **worse than** —> *pire que*
far —> **farther than** —> *plus loin que*

➤ Il y a des modifications orthographiques :
- les adjectifs de deux syllabes terminés par une consonne + "y" :
happy —> happier, busy —> busier, early —> earlier
- les adjectifs terminés par "e" : large —> larger
- les adjectifs d'une syllabe avec une voyelle brève entre deux consonnes :
big —> bigger, fat —> fatter

➤ On insiste parfois sur le comparatif de supériorité en utilisant **"much"** :
It would be much easier ! —> *Ce serait bien plus facile !*

51 **Répondre aux questions en formant des comparatifs de supériorité à l'aide des éléments proposés entre parenthèses :**

Exemple **:** Is she polite ? (you) —> Yes, she's more polite than you.

1 - Is he big ? (his brother)
2 - Is it expensive ? (in Brighton)
3 - Are they early ? (last week)
4 - Is it easy ? (the first exercise)
5 - Is his idea good ? (yours)
6 - Is she romantic ? (my friends)
7 - Is it comfortable ? (this chair)
8 - Is it dark ? (in the cellar)

52 **Répondre aux questions en formant des comparatifs d'infériorité à l'aide des éléments proposés entre parenthèses :**

Exemple **:** Is she beautiful ? (her sister)
—> No, she isn't as beautiful as her sister.

1 - Is it cheap ? (in France)
2 - Is it dirty ? (yours)
3 - Is she pleasant ? (your Mum)
4 - Is it exciting ? (football)
5 - Is it noisy ? (your machine)
6 - Are you tired ? (yesterday)
7 - Is he old ? (your grandfather)
8 - Is she intelligent ? (Jane)

Dans les 4 exercices suivants, former les comparatifs à l'aide des éléments proposés entre parenthèses, comme dans les exemples :

Exemples **:** It's (+ , expensive) in England.
—> It's more expensive than in England.
Is your house (= , big) mine ?
—> Is your house as big as mine ?

53
1 - Dover is ______ London. (- , noisy)
2 - His film will probably be ______ ours. (+ , successful)
3 - Don't you think girls are ______ boys ? (+ , sensible)
4 - A flea is ______ a fly. (- , heavy)
5 - She works ______ her brother. (+ , hard)
6 - His parents are ______ mine. (+ , tolerant)
7 - Public transport was ______ it is now. (- , good)
8 - I'm afraid Geography is ______ History. (- , interesting)

54
1 - Is it ______ in summer ? (+ , hot)
2 - Sit here, it's ______ this chair. (+ , comfortable)
3 - Are roads ______ in America ? (= , large)
4 - Maths is much ______ French ! (+ , difficult)
5 - They are ______ they were. (- , friendly)

6 - Do you think it's a ______ job ? (+ , safe)
7 - He drove away ______ he could. (= , fast)
8 - He doesn't feel ______ now. (+ , happy)

55

1 - Your case is ______ mine, I can't carry it ! (+ , heavy)
2 - The second match was ______ the first one. (+ , long)
3 - She is ______ her aunt. (- , rich)
4 - I'd like to find a ______ job. (+ , good)
5 - Do you think they're ______ our neighbours ? (= , careful)
6 - It will probably be ______ last month. (+ , monotonous)
7 - It is ______ that ! (- , bad)
8 - Is he ______ his sister ? (= , hard-working)

56

1 - I'd like to have ______ holidays ! (+ , long)
2 - I'm sure it will be ______ here. (- , expensive)
3 - They're ______ in films ... before. (+ , interested)
4 - She's ______ her friends. (+ , attractive)
5 - You should buy a ______ car ! (+ , big)
6 - In the North, the weather is ______ in the South. (- , good)
7 - Is Canada ______ America ? (+ , large)
8 - I'd like to be ______ she is ! (= , enthusiastic)

57 **Compléter à l'aide des adjectifs suivants, aux comparatifs voulus :**

1 - (+ , long)
2 - (+ , dark)
3 - (+ , nice)
4 - (- , tall)
5 - (+ , big)
6 - (+ , pretty)
7 - (+ , beautiful)
8 - (= , intelligent)
9 - (= , happy)
10 - (+ , important)

Her hair's 1) ______ and 2) ______ mine, and it looks much 3) ______. But she is 4) ______ me and she's much 5) ______. So, finally, although she thinks she's 6) ______, most people say I am 7) ______ my sister. It doesn't matter, anyway ; I am 8) ______ she is, and we are 9) ______ ever ! After all, what is 10) ______ being happy ? Nothing is !

LE SUPERLATIF

Le superlatif de supériorité, "*le plus*" est très fréquent :

Adjectif ou adverbe court	Adjectif ou adverbe long
"the".+ adj. ou adv. court + "- est" She's the richest lady I know. *—> C'est la dame la plus riche que je connaisse.*	**"the most" + adj. ou adv. long** He's the most dangerous driver I've ever seen ! *—> C'est le chauffeur le plus dangereux que j'aie jamais vu !*

➤ Certains adjectifs ou adverbes ont un superlatif irrégulier :
good, well —> **the best** —> *le meilleur*
bad —> **the worst** —> *le pire*
far —> **the farthest** —> *le plus éloigné*

➤ Il y a des modifications orthographiques (voir le chapitre sur les comparatifs) :
easy —> the eas<u>iest</u>
large —> the larg<u>est</u>
fat —> the fa<u>tt</u>est

➤ S'il y a un complément, il est introduit par **"in"** s'il s'agit d'un lieu, par **"of"** dans les autres cas :
It's one of the wildest animals in the world.
—> C'est l'un des animaux les plus sauvages au monde.
Dad is the cleverest of us all.
—> Papa est le plus intelligent de nous tous.

58 **Répondre aux questions en formant des superlatifs à l'aide des éléments proposés entre parenthèses :**

***Exemple* :** Is he happy ? (man - on earth)
—> Yes, he's probably the happiest man on earth !

1 - Is it cheap ? (book - in the shop)
2 - Is she nice ? (girl - in the village)
3 - Is it funny ? (story - in the book)
4 - Is it quick ? (train - in England)
5 - Is it cold there ? (place - in Scotland)
6 - Is it good ? (cake - in the shop)
7 - Is it easy ? (exercise - in the book)
8 - Is he successful ? (businessman - in London)

Dans les 3 exercices suivants, compléter à l'aide des adjectifs au superlatif :

59

1 - It's ______ car in the village ! (nice)
2 - What's the name of ______ animal on earth ? (big)
3 - Mum's ______ mother in the world ! (wonderful)
4 - Which is his ______ play ? (good)
5 - Australia's ______ country I've ever visited ! (exciting)
6 - Their ______ story is the one about the clown. (funny)
7 - What's ______ river in Europe ? (long)
8 - What's ______ programme in England ? (old)

60

1 - She thinks she's ______ person in the world. (important)
2 - What's the name of your ______ friend ? (good)
3 - This is ______ song I've ever heard ! (lovely)
4 - My Dad's ______ man on earth ! (strong)
5 - It's certainly his ______ novel. (bad)
6 - He's ______ monster I've ever seen on television ! (frightening)
7 - ______ people live here. (poor)
8 - It's one of ______ parks in Europe. (large)

61

1 - It's ______ story I've ever heard ! (horrible)
2 - These are ______ creatures on earth ! (small)
3 - She's probably ______ person in my family. (intelligent)
4 - He was ______ world champion. (young)
5 - This is ______ accident I've ever seen ! (bad)
6 - It's one of ______ things I've ever had. (precious)
7 - ______ thing to do is to arrest them now. (good)
8 - ______ sport in Britain is cricket. (popular)

62 **Compléter à l'aide des adjectifs suivants, au superlatif :**

1 - extraordinary
2 - big
3 - nice
4 - clever
5 - funny
6 - stupid
7 - bad
8 - good
9 - exciting
10 - interesting

Believe me : it's 1) ______ book I've ever read ! It's the story of 2) ______ man on earth, who marries 3) ______ girl in the world. Together, they have 4) ______ and 5) ______ children ever seen ! My Dad thinks it's 6) ______ story he's ever heard of, and 7) ______ ever written ! But Mum doesn't agree ... She says it's probably 8) ______ she's ever read, and she tells everybody that this is 9) ______ and 10) ______ book she knows !

I - TO BE

I - Il peut être verbe d'état, être suivi d'un adjectif, d'un adverbe, d'un nom, d'un complément de lieu. Il signifie *"être"*.

AU PRESENT

Forme affirmative	Forme interrogative	Forme négative
I am = I'm you are = you're he / she / it is = he's / she's / it's we are = we're you are = you're they are = they're	am I ? are you ? is he ? / is she ? / is it ? are we ? are you ? are they ?	I am not = I'm not you are not = aren't he / she / it is not = isn't we are not / you are not / they are not = aren't

She is (she's) beautiful. —> *Elle est jolie.*
They are (they're) doctors. —> *Ils sont docteurs.*
My sister is (sister's) on holiday. —> *Ma soeur est en vacances.*
Why are you so sad ? —> *Pourquoi es-tu si triste ?*
It isn't important. —> *Ce n'est pas important.*

Prononciation de "aren't" —> **[ɑ:nt]**

AU PRETERIT

Forme affirmative	Forme interrogative	Forme négative
I was you were he / she / it was we were you were they were	was I ? were you ? was he ? / was she ? / was it ? were we ? were you ? were they ?	I was not = wasn't you were not = weren't he / she / it was not = wasn't we were not / you were not / they were not = weren't

I was at home yesterday. —> *J'étais à la maison hier.*
Where were you last week ? —> *Où étais-tu la semaine dernière ?*

Prononciation de "weren't" —> **[wə:nt]**

II - Il peut être auxiliaire, et être utilisé + la base verbale en "-ing", pour conjuguer les autres verbes :

- au présent en -ing :
She is (she's) writing. —> *Elle est en train d'écrire.*
What are you doing ? —> *Que fais-tu ?*
He is not (isn't) sleeping. —> *Il ne dort pas.*

- au prétérit en -ing :
When I arrived, he was smoking. —> *Quand je suis arrivé, il fumait.*

- au present perfect en -ing :
It's been snowing for two days. —> *Ça fait deux jours qu'il neige.*

Il est utilisé également pour former **la voix passive** :
He was killed during the war. —> *Il a été tué pendant la guerre.*
It hasn't been built yet. —> *Ça n'a pas encore été construit.*

➤ Certaines expressions peuvent poser problème, au niveau de la traduction :

to be cold —> *avoir froid*
to be hungry —> *avoir faim*
to be thirsty —> *avoir soif*
to be afraid, frightened —> *avoir peur*
to be 14 —> *avoir 14 ans*

➤ Pour la traduction de "il y a", on utilise : **"there is" + singulier, "there are" + pluriel,** qui se conjuguent à tous les temps, à toutes les formes :

There is some milk in the fridge. —> *Il y a du lait dans le réfrigérateur.*
How many plates are there ? —> *Combien d'assiettes y-a-t-il ?*
There was nobody. —> *Il n'y avait personne.*
There were not (weren't) many boys in my class.
—> *Il n'y avait pas beaucoup de garçons dans ma classe.*
There will be a problem tomorrow. —> *Il y aura un problème demain.*

II - TO HAVE

I - "To have", auxiliaire, est utilisé, suivi du participe passé, pour former le present perfect :
He hasn't answered yet. —> *Il n'a pas encore répondu.*

Egalement pour exprimer qu'une action vient de se dérouler :
I've just seen him. —> *Je viens de le voir.*

II - "To have" —> avoir, posséder, peut être auxiliaire, auquel cas il est souvent suivi de "got".

AU PRESENT

Forme affirmative	Forme interrogative	Forme négative
I have (got) = I've (got) you have (got) = you've (got) he / she / it has (got) = he's (got) we have (got) = we've (got) you have (got) = you've (got) they have (got) = they've (got)	have I (got) ? have you (got) ? has he / she / it (got) ? have we (got) ? have you (got) ? have they (got) ?	I have not (got) = haven't (got) you have not (got) = haven't (got) he / she / it has not (got) = hasn't (got) we have not (got) / you have not (got) / they have not (got) haven't (got)

AU PRETERIT on utilise "had" à toutes les formes et à toutes les personnes : "I had, you had" ..., "had you, had they" ..., "I hadn't, she hadn't" ...

III - To have —> avoir, posséder, peut être verbe. Dans ce cas, il n'est jamais suivi de "got", et il fonctionne comme tous les autres verbes.

Forme affirmative	Forme interrogative	Forme négative
I have you have he / she / it has we have you have they have	do I have ? do you have ? does he / she / it have ? do we have ? do you have ? do they have ?	I do not have = don't have you do not have = don't have he / she / it does not have = doesn't have we do not have / you do not have / they do not have don't have

AU PRETERIT on utilise "had" à toutes les personnes pour la forme affirmative, et "did" dans les formes interrogatives et négatives.

➤ "To have", verbe, a souvent le sens de *"prendre"* :

to have breakfast, lunch, dinner
—> prendre le petit déjeuner, le déjeuner, le dîner
to have a bath —> *prendre un bain*
to have a good time —> *bien s'amuser*
Have a cake ! —> *Prenez un gâteau !*

IV - "To have to" et "to have got to" expriment l'obligation —> *devoir, falloir, être obligé de*
"To have to" exprime une obligation venant de l'extérieur, un règlement (se conjugue comme un verbe), "to have got to" une obligation exceptionnelle (se conjugue comme un auxiliaire) :

At school, they have to get up early. —> *A l'école, ils doivent se lever tôt.*
I'm sorry but I've got to be at home at 6 p.m.
—> *Je suis désolé mais ce soir je dois être chez moi à 18 H.*

A la forme négative, "don't have to" et "haven't got to" expriment l'absence d'obligation :

You haven't got to (= don't have to) start now.
—> *Tu n'as pas besoin de (inutile de) commencer maintenant.*

III - TO DO

I - Il peut être verbe, et donc fonctionner comme les autres verbes. Il signifie *"faire"*.

AU PRESENT

Forme affirmative	Forme interrogative	Forme négative
I do	do I do ?	I do not do = don't do
you do	do you do ?	you do not do = don't do
he / she / it does	does he / she / it do ?	he / she / it does not do = doesn't do
we do	do we do ?	we do not do = don't do
you do	do you do ?	you do not do = don't do
they do	do they do ?	they do not do = don't do

AU PRETERIT

Forme affirmative	Forme interrogative	Forme négative
I did	did I do ?	I did not do = didn't do
you did	did you do ?	you did not do = didn't do
she / he / it did	did he / she / it do ?	he / she / it did not do = didn't do
we did	did we do ?	we did no do = didn't do
you did	did you do ?	you did not do = didn't do
they did	did they do ?	they did not do = didn't do

II - Il peut être auxiliaire, et être utilisé pour former les formes interrogatives et négatives des verbes, au présent et au prétérit :

Where does he live ? —> *Où habite-t-il ?*
I don't understand. —> *Je ne comprends pas.*
She didn't look at me. —> *Elle ne m'a pas regardé.*

63 S'agit-il de "is, has" ou de la marque du cas possessif ?

1 - Look, he's drinking beer !
2 - She's got two brothers.
3 - This man's car's expensive !
4 - He's got to get up early tomorrow.
5 - The milk's in the fridge.
6 - She's cold, shut the door.
7 - Jane's sister's on holiday in Greece.
8 - Dad's got to be at his office at 8 a.m. tomorrow.

64 Compléter à l'aide de "is, are" ou "have" :

1 - ______ you hungry ?
2 - We always ______ a good time together.
3 - Don't make a noise, she ______ sleeping.
4 - My mother ______ 42.
5 - ______ your brother afraid of taking the plane ?
6 - I'm afraid there ______ a problem here.
7 - What time will you ______ your breakfast tomorrow ?
8 - We always ______ a bath before supper.

65 Compléter à l'aide de "they're, their, there" ou "there are" :

1 - They say ______ doctors.
2 - All ______ books are written in English.
3 - ______ lots of people waiting for you.
4 - ______ writing their reports.
5 - Can you give me the book over ______ ?
6 - What are ______ names ?
7 - How many photos are ______ in your album ?
8 - They've left ______ umbrellas at home.

66 Compléter à l'aide de "do, does, did" ou "don't, didn't" :

1 - What ______ you talk about last night ?
2 - I ______ think this is very important.
3 - ______ it often snow in winter ?
4 - He didn't ______ it because he wasn't good enough at English.
5 - As they ______ have enough time, they couldn't finish it.
6 - Where ______ you live ? I live in Liverpool.
7 - What ______ she do when she understood ?
8 - I'm afraid they ______ know the answer.

67 Compléter à l'aide d'une forme de "be, do" ou "have" (différents temps, différentes formes) :

1 - When I ______ younger I lived in a small village.
2 - What time ______ this restaurant open yesterday ?
3 - Why ______ they so sad when we arrived ?
4 - We always ______ cornflakes for breakfast when we lived in England.
5 - As they ______ listening, they didn't understand a word !

6 - I'm sorry but I ______ time to finish this letter yesterday.
7 - He ______ so frightened that he couldn't speak !
8 - There ______ many girls in the school where I was, but there were lots of boys.

68 Compléter à l'aide d'une forme de "be, do" ou "have" (différents temps, différentes formes) :

We 1) ______ a very good time yesterday evening : it 2) ______ Ann's birthday ; she 3) ______ 16 now, and she's very proud of it ! As we don't 4) ______ much money, we 5) ______ give her any expensive presents, but we spent the evening together, it was wonderful. Somebody suggested going to the cinema, but it 6) ______ too cold, so we stayed at home instead ; as we 7) ______ all hungry, we 8) ______ a good supper, and then we played cards ; we laughed, because the boys 9) ______ very lucky : they 10) ______ win, we did !

LE PRESENT SIMPLE

Il s'emploie pour exprimer :

- une habitude :
She goes to London every year. —> *Elle va à Londres tous les ans.*

- une généralité, une vérité générale :
English people drink a lot of tea. —> *Les Anglais boivent beaucoup de thé.*

- une succession d'actions ponctuelles, comme dans les reportages, les recettes de cuisine, etc ... :
... and now he kicks the ball, he runs ...
—> et maintenant il tape dans le ballon, il court ...

- un futur programmé (moins utilisé que le présent en -ing) :
I leave tomorrow at 2 p.m. —> *Je pars demain à 2 h.*

- l'opinion, le goût :
I think you're right. —> *Je pense que tu as raison.*
He likes cakes. —> *Il aime les gâteaux.*

Forme affirmative	Forme interrogative	Forme négative
I cook	**do** I cook ?	I **do not** cook = don't
you cook	**do** you cook ?	you **do not** cook = don't
he / she / it cook**s**	**does** he / she / it cook ?	he / she / it **does not** cook = doesn't
we cook	**do** we cook ?	we **do not** cook = don't
you cook	**do** you cook ?	you **do not** cook = don't
they cook	**do** they cook ?	they **do not** cook = don't

Donc :
forme affirmative : sujet + base verbale + ("s" ou "es")
forme interrogative : "do" ou "does" + sujet + base verbale
forme négative : sujet + "don't" ou "doesn't" + base verbale

➤ A la 3ème personne du singulier, on ajoute **"s"**, qui se prononce :
[s] après "p, t, f, k" —> stops, puts, cooks ...
[iz] après "s, z, dʒ" —> faces, closes, judges ...
[z] après les autres consonnes, les voyelles, les diphtongues —> opens, calls, pays ...

➤ Mais on ajoute **"es"** lorsque la base verbale se termine par "s, z, x, sh, ch" —> watches, washes ... ; cette terminaison se prononce toujours [iz].

➤ Il y a des modifications orthographiques lorsque la base verbale se termine par une consonne + "y" : to cry —> he cries, to try —> she tries

➤ On l'emploie souvent avec :

always —> *toujours*
usually —> *d'habitude*
sometimes —> *quelquefois*
often —> *souvent*
never —> *jamais*
every day, month, year —> *chaque jour, mois, année*

➤ Dans les questions, lorsque le mot interrogatif est sujet, on n'utilise pas "do, does" :

Who understands me ? —> *Qui me comprend ?*
What happens there at night ? —> *Que se passe-t-il là-bas, le soir ?*

LE PRESENT EN -ING

Il s'emploie pour exprimer :

- une action en train de se dérouler au moment où l'on parle (now —> *maintenant*) :

Mum is getting (Mum's getting) dinner ready. —> *Maman prépare le dîner.*
What are you doing ? —> *Que fais-tu ?*
She is not (isn't) listening. —> *Elle n'écoute pas.*

- un futur proche, organisé, avec une idée d'intention :

We're going on holiday soon. —> *Nous partons bientôt en vacances.*

Forme affirmative	Forme interrogative	Forme négative
I **am** dancing = I'm	**am** I dancing ?	I **am not** dancing = I'm not
you **are** dancing = you're	**are** you dancing ?	you **are not** dancing = aren't
he / she / it **is** dancing = he's / she's / it's	**is** he / she / it dancing ?	he / she / it **is not** dancing = isn't
we **are** dancing = we're	**are** we dancing ?	we **are not** dancing = aren't
you **are** dancing = you're	**are** you dancing ?	you **are not** dancing = aren't
they **are** dancing = they're	**are** they dancing ?	they **are not** dancing = aren't

Donc :

forme affirmative : sujet + "am" / "is" / "are" + base verbale + "-ing"

forme interrogative : "am" / "is" / "are" + sujet + base verbale + "-ing"

forme négative : sujet + "am" / "is" / "are" + "not" + base verbale + "-ing"

➤ Certains verbes ne prennent pas la forme en -ing : **"to love, to like, to hate, to want, to know, to believe, to understand, to think** (dans le sens de "*croire*"), **to remember, to need, to see, to hear"** …

➤ Il y a parfois des modifications orthographiques :
come —> coming, lie —> lying, get —> getting

➤ "aren't" se prononce avec une seule syllabe : [a:nt]

Dans les 2 exercices suivants, indiquer la prononciation des terminaisons soulignées : [s], [z] ou [iz] ?

69

1 - he eats 2 - he cooks 3 - he prepares 4 - he washes
5 - he says 6 - he thinks 7 - he supposes 8 - he brushes

70

1 - he teaches 2 - he wears 3 - he cries 4 - he comes
5 - he jumps 6 - he finishes 7 - he watches 8 - he shuts

71 **Conjuguer les verbes au présent en -ing :**

1 - Mr Duff ______ us to the theatre tonight, after all ! (not take)
2 - What on earth ______ ? (they - do)
3 - I must go, they ______ for me. (wait)
4 - What's she doing ? She ______ a magazine. (read)
5 - Mum ______ dinner ready. (get)
6 - Look ! Who ______ next to Mrs Fennell ? (sit)
7 - ______ with his computer again ? (John - play)
8 - They probably ______ a western again ! (watch)

72 **Conjuguer les verbes au présent simple :**

1 - He ______ driving at night. (hate)
2 - Which colour ______ ? (you - prefer)
3 - He always ______. (win)
4 - I ______ you ! (not believe)
5 - The sun always ______ in the South. (shine)
6 - ______ sometimes in bed ? (she - read)
7 - He ______ with them. (not agree)
8 - She probably ______ in the country. (live)

73 **Poser les questions qui se rapportent aux mots soulignés :**

1 - He often helps poor people.
2 - He's playing with his computer.
3 - She spends all her afternoons in town.
4 - When it rains we always stay inside.
5 - My grandmother enjoys cooking.
6 - He usually calls his secretary in the morning.
7 - She's smiling because it's a good joke.
8 - She spends about £ 300 on clothes every year.

Dans les 4 exercices suivants, conjuguer les verbes au présent simple ou au présent en -ing :

74

1 - He ______ regularly, that's why he's so good ! (practise)
2 - What ______ in his free time ? (he - do)
3 - School ______ at 4 o'clock here. (finish)
4 - He never ______ his homework ! (do)
5 - What ______ next Sunday ? (you - do)
6 - They say they ______ enough money. (not have)
7 - ______ often her parents ? (she - visit)
8 - What ______ ? Well, she types letters, answers the phone ... (she - do)

75

1 - I know him, he ...... German at Chatham Comprehensive School. (teach)
2 - Hush ! Dad ...... television ! (watch)
3 - I don't know what they ...... about ! (talk)
4 - Why ...... to become a nurse ? (she - want)
5 - I ...... to the cinema with my parents tonight. (go)
6 - What's she doing ? She ...... a pie for dinner. (make)
7 - She never ...... cakes. (eat)
8 - Don't go out now, it .... (rain)

76

1 - They ...... for a French teacher, why don't you write to them ? (look)
2 - My parents ...... a party next week. (have)
3 - I ...... you ! (not believe)
4 - What ...... ? (you - mean)
5 - She usually ...... in bed late in the morning. (stay)
6 - ...... with me ? (you - agree)
7 - How long ...... to go there by bus ? (it - take)
8 - Wait a minute, we .... (come)

77

1 - She never ...... dresses. (wear)
2 - I ...... home, don't wait for me ! (go)
3 - We ...... a Maths test this afternoon. (have)
4 - Can you tell me what he ...... ? Yes, he's a vet. (do)
5 - She says she ...... a lot of taxes. (pay)
6 - Where ...... every Wednesday ? (they - meet)
7 - Excuse me, I ...... now. (leave)
8 - Why ...... so much ? (she - travel)

78

Compléter à l'aide des verbes suivants conjugués au présent en -ing ou au présent simple :

1 - go	6 - depend
2 - hate	7 - not feel
3 - enjoy	8 - not happen
4 - not like	9 - take
5 - you - do	10 - have

- "Why are you so excited ?"
- "Well, I 1)...... to the theatre tonight."
- "Oh, I 2)...... plays ! And so do my parents. My Dad 3)...... watching films on television, and my Mum 4)...... going out much."
- "What 5)...... on Saturdays and Sundays then ?"
- "Well, it 6)....... Sometimes, when my parents 7)...... too tired, we go for a walk ; it 8)...... very often ! But tomorrow, they 9)...... me out : we 10)...... dinner at my grandparents'."

LE PRETERIT SIMPLE,
LE PRETERIT EN -ING

LE PRETERIT SIMPLE

Il s'emploie pour exprimer :

- **une action passée, terminée, sans aucun rapport avec le présent, lorsqu'un moment précis est évoqué :**

  He helped me yesterday. —> *Il m'a aidé hier.*
  Where did you go on holiday last year ?
  —> Où es-tu allé en vacances l'an dernier ?
  Dad did not (didn't) clean his car last month.
  —> Papa n'a pas lavé sa voiture le mois dernier.

- **une habitude passée, une généralité.**

  On l'utilise dès que le moment, la date, sont importants ; on le trouve donc souvent avec des marqueurs de temps comme **"yesterday"** —> "*hier*", **"in 1965"**, **"last week"** —> *la semaine dernière*, **"two months ago"** —> *"il y a deux mois"* ...
  Il se traduit en Français par le passé composé ou le passé simple.

Forme affirmative	Forme interrogative	Forme négative
I play**ed** you play**ed** he / she / it play**ed** we play**ed** you play**ed** they play**ed**	**did** I play ? **did** you play ? **did** he / she / it play ? **did** we play ? **did** you play ? **did** they play ?	I **did not** play = didn't you **did not** play = didn't he / she / it **did not** play = didn't we **did not** play you **did not** play they **did not** play = didn't

Donc :
forme affirmative : sujet + base verbale + "-ed"
forme interrogative : "did" + sujet + base verbale
forme négative : sujet +"did not = didn't" + base verbale

➤ Il existe des verbes irréguliers : les formes irrégulières (pour les formes affirmatives) sont à apprendre par coeur (2ème colonne) :
to go —> I went   to buy —> I bought

➤ La terminaison du prétérit doit toujours s'entendre, et il y a trois prononciations possibles :
[t] après "p, f, k" —> laughed, talked
[id] après "t, d" —> wanted, decided
[d] après les autres consonnes, les voyelles et les diphtongues —> remembered, cleaned

➤ Il y a des modifications orthographiques :
- si la base verbale se termine par une consonne + "y" : to cry —> cr<u>ied</u>
- pour les verbes d'une syllabe, on double la consonne finale si elle est précédée d'une seule voyelle : to drop —> dro<u>pp</u>ed
- si le verbe se termine par "e" on ajoute seulement "d" —> love<u>d</u>, receive<u>d</u>

FOR et AGO

"for" —> **"*pendant*"**, se place devant le complément de temps ; on précise la durée pendant laquelle une action a eu lieu :

He stayed there for three months. —> *Il est resté là-bas pendant trois mois.*

"ago" —> **"*il y a*"**, se place derrière le complément de temps ; on précise combien de temps s'est écoulé depuis que l'action a eu lieu :

I asked that question ten minutes ago.
—> *J'ai posé cette question il y a dix minutes.*

LE PRETERIT EN -ING

On l'emploie pour exprimer **une action qui se déroulait, qui était en cours dans le passé, qui était "non achevée"** ; il implique une idée de durée, et se traduit par un imparfait en Français :

When I saw him he was wearing a blue shirt.
—> *Quand je l'ai vu, il portait une chemise bleue.*
What were they doing when you met them ?
—> *Que faisaient-ils quand tu les as rencontrés ?*
Pat was not (wasn't) driving when the accident happened.
—> *Pat ne conduisait pas lorsque l'accident s'est produit.*

Forme affirmative	Forme interrogative	Forme négative
I **was** read**ing**	**was** I read**ing** ?	I **was not** reading = wasn't
you **were** read**ing**	**were** you read**ing** ?	you **were not** reading = weren't
he / she / it **was** read**ing**	**was** he / she / it read**ing** ?	he / she / it **was not** reading = wasn't
we **were** read**ing**	**were** we read**ing** ?	we **were not** reading = weren't
you **were** read**ing**	**were** you read**ing** ?	you **were not** reading = weren't
they **were** read**ing**	**were** they read**ing** ?	they **were not** reading = weren't

Donc :

forme affirmative : sujet + "was" ou "were" + base verbale + "-ing"
forme interrogative : "was" ou "were" + sujet + base verbale + "-ing"
forme négative : sujet + "was not = wasn't" ou "were not = weren't" + base verbale + "-ing"

➤ On le trouve avec :

while —> *pendant que,*
as —> *comme,*
just as —> *juste comme, juste au moment où*

➤ "weren't" se prononce avec une seule syllabe : **[wə:nt]**

Dans les 2 exercices suivants, indiquer la prononciation des terminaisons soulignées : [t], [id] ou [d] ?

79

1 - he help<u>ed</u> 2 - he look<u>ed</u> 3 - he decide<u>d</u> 4 - he like<u>d</u>
5 - he stopp<u>ed</u> 6 - he start<u>ed</u> 7 - he wash<u>ed</u> 8 - he close<u>d</u>

80

1 - he taste<u>d</u> 2 - he move<u>d</u> 3 - he push<u>ed</u> 4 - he sound<u>ed</u>
5 - he love<u>d</u> 6 - he want<u>ed</u> 7 - he jump<u>ed</u> 8 - he play<u>ed</u>

Dans les 2 exercices suivants, conjuguer les verbes au prétérit simple :

81

1 - I ______ your letter last Friday. (post)
2 - When I was younger I ______ ten hours a day ! (work)
3 - Why ______ the police ? (they - call)
4 - When ______ to her for the last time ? (you - talk)
5 - As she ______ angry, I didn't say anything. (look)
6 - When ______ ? (they - move)
7 - He ______ it was so late ! (not realize)
8 - They ______ because it was too difficult. (not answer)

82

1 - We ______ Canada last year. (visit)
2 - Sorry, I ______ you ! (not hear)
3 - She ______ her birthday last Sunday. (celebrate)
4 - Yesterday, I ______ an interesting advert in the newspaper. (see)
5 - She ______ me to stay, but I refused. (want)
6 - I ______ that was very clever ! (not think)
7 - As he ______ a pen, he took mine. (need)
8 - When ______ America ? (Christopher Columbus - discover)

83 **Répondre aux questions à l'aide du complément proposé entre parenthèses, suivi de "ago" :**

Exemple **:** When did you buy it ? (two days) —> I bought it two days ago.

1 - When did he become a pilot ? (two years)
2 - When did you play tennis for the last time ? (one week)
3 - When did she arrive ? (ten minutes)
4 - When did he tell her the truth ? (a few days)
5 - When did she clean her windows ? (three days)
6 - When did you leave England ? (four months)
7 - When did you take these photos ? (two or three years)
8 - When did he get his job ? (a few months)

84 **Conjuguer les verbes au prétérit en -ing :**

1 - When I saw her she ______ at the top of the stairs. (sit)
2 - What ______ yesterday at 6 p.m. ? (you - do)
3 - The sun ______, it was summer. (shine)
4 - Some of them ______. (dance)
5 - Why ______ ? (she - smile)
6 - I could hear them : they ______ in the street. (fight)

7 - No, she ______ ! (not cry)
8 - I could easily imagine what she ______ of ! (think)

Dans les 3 exercices suivants, conjuguer les verbes au prétérit simple ou en -ing :

85

1 - As they ______ together, I didn't disturb them. (talk)
2 - He had lots of friends, that's why he often ______ parties. (have)
3 - I'm sure I ______ my purse at the office, yesterday. (leave)
4 - I can still remember what she ______ ! (wear)
5 - While she ______, he was playing with his computer. (work)
6 - How much ______ him ? (you - give)
7 - While he ______ he noticed an old man behind him. (walk)
8 - My grandmother ______ when I was 6. (die)

86

1 - When ______ him ? (she - marry)
2 - And then he ______ his car. (sell)
3 - What ______ yesterday when I rang you ? I was knitting. (you - do)
4 - Where ______ it ? (you - find)
5 - She needed eggs because she ______ a cake. (make)
6 - One day I ______ in the street and broke my leg. (fall)
7 - When I saw her, she ______ with her English penfriend. (dance)
8 - What ______ then ? Well, I left the room ! (you - do)

87

1 - As he ______ photos, I didn't stay. (take)
2 - What time ______ working yesterday ? (you - start)
3 - Two months later he ______ his car and bought a bike. (sell)
4 - He ______ a singer ten years later. (become)
5 - I only ______, don't worry ! (joke)
6 - That battle ______ place in 1789 ! (not take)
7 - All the pupils ______ when suddenly the headmaster opened the door. (work)
8 - Why ______ ? Jane wasn't ! (they - laugh)

88 **Compléter à l'aide des verbes suivants conjugués au prétérit simple ou en -ing :**

1 - spend	6 - ask	11 - notice	16 - follow
2 - enjoy	7 - speak	12 - stand	17 - not think
3 - happen	8 - tell	13 - look	18 - arrive
4 - visit	9 - go	14 - not understand	19 - wait
5 - come	10 - listen	15 - do	20 - feel

Last year I 1) ______ my holidays in Africa. I 2) ______ myself very much, but something incredible 3) ______ to me. On the first day, as I 4) ______ a museum in Nairobi, a man 5) ______ near me and 6) ______ me if I 7) ______ Swahili. I 8) ______ him I didn't, and 9) ______ on my way. A few minutes later, while I 10) ______ to a speech by my guide, I 11) ______ him again : he 12) ______ not far from me, and he 13) ______ at me. I 14) ______ why he 15) ______ so, and I 16) ______ the guide. I 17) ______ of him until the evening. When I 18) ______ at my hotel, that man 19) ______ for me. I 20) ______ terrified !

LE PRESENT PERFECT SIMPLE, LE PRESENT PERFECT EN -ING

LE PRESENT PERFECT SIMPLE

Comme son nom l'indique, il relie deux temps, le présent et le passé. **Il s'emploie pour exprimer une action passée, dont la date est inconnue ; ce qui est important, c'est le bilan, la conséquence, le résultat dans le présent**. On l'emploie avec **"already, ever, not ... yet"**, mais jamais avec des marqueurs de temps précis, puisque dès qu'il s'agit d'événements précis, datés, coupés du présent, on utilise le prétérit. On l'emploie aussi avec des superlatifs :

What a pity ! I've missed my bus ! —> *Quel malheur ! J'ai manqué mon bus !*
Have you told him the story ? —> *Lui as-tu raconté l'histoire ?*
He has not (hasn't) moved yet. —> *Il n'a pas encore déménagé.*
It's the best story I've ever heard !
—> *C'est la meilleure histoire que j'aie jamais entendue !*

Forme affirmative	Forme interrogative	Forme négative
I **have** talked = I've	**have** I **talked** ?	I **have not** talked = haven't
you **have** talked = you've	**have** you **talked** ?	you **have not** talked = haven't
he / she / it **has** talked = he's	**has** he / she / it **talked** ?	he / she / it **has not** talked = hasn't
we **have** talked = we've	**have** we **talked** ?	we **have not** talked = haven't
you **have** talked = you've	**have** you **talked** ?	you **have not** talked = haven't
they **have** talked = they've	**have** they **talked** ?	they **have not** talked = haven't

Donc :

forme affirmative : sujet + "have" ou "has" + participe passé
forme interrogative : "have" ou "has" + sujet + participe passé
forme négative : sujet + "have not = haven't", "has not = hasn't" + participe passé

➤ Le participe passé des verbes réguliers se forme avec la base verbale + "-ed" (comme le prétérit), celui des verbes irréguliers est à apprendre par coeur (3ème colonne).

➤ La terminaison "-ed" doit toujours s'entendre. Il y a trois prononciations différentes, et des modifications orthographiques (voir le chapitre sur le prétérit, page 46).

➤ Employé avec **"just"**, il indique qu'une action vient de se dérouler :
She's just arrived. —> *Elle vient d'arriver.*
I've just written a letter to Bob. —> *Je viens d'écrire une lettre à Bob.*

FOR - SINCE - HOW LONG

Comme le present perfect relie le présent et le passé, il est logique de l'utiliser pour traduire le "depuis" français : l'action, commencée dans le passé, se prolonge dans le présent et dure encore. Comme la forme progressive permet d'insister sur la durée, le déroulement, on préfèrera souvent le present perfect en -ing avec "for, since, how long", sauf dans les formes négatives, et avec les verbes qui ne prennent pas "-ing" comme "to like, to love, to have, to mean, to know, to understand, to need" ...

➤ **"how long" —> *"depuis combien de temps ?"***

➤ **"for" —> *"depuis" ("ça fait ... que"),*** pour exprimer la durée
("for two weeks, three days, five months, a long time" ...)

➤ **"since" —> *"depuis"***, pour exprimer le point de départ précis
("since 1953, Tuesday, last week, 2 p.m., my birthday" ...)

How long have you been out-of-work ?
—> *Depuis combien de temps es-tu au chômage ?*
He's had his car for two months. —> *Il a sa voiture depuis deux mois.*
They've known Rose since 1968. —> *Ils connaissent Rose depuis 1968.*

En Français, le verbe est au présent, dans ces cas-là.

LE PRESENT PERFECT EN -ING

Il s'emploie souvent avec "for, since, how long", pour insister sur la durée, le déroulement, d'une action :

She's been teaching French for two years.
—> *Elle enseigne le Français depuis deux ans.*
They've been reading since the beginning of the afternoon.
—> *Ils lisent depuis le début de l'après-midi.*

Forme affirmative	Forme interrogative	Forme négative (rarement utilisée)
I **have been** learn**ing** = I've	**have** I **been** learn**ing** ?	I **have not been** learn**ing** = haven't
you **have been** learn**ing** = you've	**have** you **been** learn**ing** ?	you **have not been** learn**ing** = haven't
he / she / it **has been** learn**ing** = he's	**has** he / she / it **been** learn**ing** ?	he / she / it **has not been** learn**ing** = hasn't
we **have been** learn**ing** = we've	**have** we **been** learn**ing** ?	we **have not been** learn**ing** = haven't
you **have been** learn**ing** = you've	**have** you **been** learn**ing** ?	you **have not been** learn**ing** = haven't
they **have been** learn**ing** = they've	**have** they **been** learn**ing** ?	they **have not been** learn**ing** = haven't

Donc :

forme affirmative : sujet + "have" ou "has" + "been" + base verbale + "-ing"
forme interrogative : "have" ou "has" + sujet + "been" + base verbale + "-ing"
forme négative : sujet + "have not = haven't" ou "has not = hasn't" + "been" + base verbale + "-ing"

➤ En Français, le verbe est au présent, dans ces cas-là.

➤ Certains verbes ne prennent pas la forme en "-ing" : **"to love, to hate, to know, to want, to understand, to need" ...**

➤ Il ne faut pas confondre :

- **"ago"** + prétérit simple —> *"il y a"*
- **"while"** + prétérit en -ing —> "*pendant que"*
- **"how long"** + present ou past perfect simple ou en -ing —> *"depuis combien de temps"*
  + n'importe quel temps —> "*pendant, pour, combien de temps"*
- **"since"** + present ou past perfect simple ou en -ing —> "*depuis"*
- **"for"** + present ou past perfect simple ou en -ing —> "*depuis, ça fait ... que"*
  + n'importe quel temps —> "*pendant, pour"*

89 Conjuguer les verbes au present perfect simple :

1 - They're very excited because their children ______ them. (phone)
2 - She ______ fifty people ! (invite)
3 - I don't know if you ______ an all-English dictionary, it's difficult ! (ever - use)
4 - ______ in public ? (you - ever - sing)
5 - This is the best joke I ______ ! (ever - hear)
6 - Oh, so, they ______ to the country ! (move)
7 - He ______ a race before ! (never - win)
8 - Good heavens ! I ______ my purse ! (lose)

90 Utiliser les éléments proposés pour travailler comme dans l'exemple :

Exemple **:** you - happy / pass my exam
—> - Why are you looking so happy ? - I've just passed my exam.

1 - you - pleased / receive a nice letter
2 - he - sad / his dog - die
3 - she - excited / see a horror film
4 - he - tired / run ten miles
5 - you - disappointed / have a bad mark
6 - you - unhappy / lose my best friend
7 - he - jealous / his wife - leave him
8 - you - frightened / see a big spider

91 Conjuguer les verbes au present perfect en -ing, et compléter à l'aide de "for, since" ou "how long" :

1 - John ______ stamps ______ he was 8. (collect)
2 - They ______ this book ______ several months. (translate)
3 - I ______ tennis ______ I was young. (practise)
4 - My Dad ______ ______ years ! (smoke)

5 - ______ ______ ? (it - snow)
6 - We ______ ______ the beginning of the afternoon. (work)
7 - John ______ French ______ three years. (learn)
8 - They ______ in England ______ 1974. (live)

92 Conjuguer les verbes au present perfect simple ou en -ing :

1 - How long ______ ? (Mum - cook)
2 - They ______ us for the week end. (invite)
3 - My friends ______ in Bath for two years. (live)
4 - Dad ______ better since his birthday. (feel)
5 - He ______ to drive since July. (learn)
6 - How long ______ ill ? (they - be)
7 - He ______ at us since we came in ! (look)
8 - Look, I ______ my hair. (cut)

93 Conjuguer les verbes au prétérit simple, au present perfect simple ou au present perfect en -ing :

1 - When ______ this letter ? (she - type)
2 - ______ a kangaroo ? (you - ever - see)
3 - My Dad and I ______ Cambridge three months ago. (visit)
4 - Look, they ______ the shop. (sell)
5 - You already ______ your exercises ! Good boys ! (finish)
6 - When she was younger she ______ all her money on sweets. (spend)
7 - When ______ it ? (they - discover)
8 - I ______ a new pair of shoes, look ! (buy)

94 Compléter à l'aide des verbes suivants conjugués au prétérit simple ou au present perfect simple :

1 - you - see
2 - see
3 - go
4 - you - go
5 - leave
6 - you - stay
7 - already - see
8 - ever - hear
9 - travel
10 - stop

- "Pat, 1) ______ a giraffe ?"
- "Of course I have ! I 2) ______ lots of them when I 3) ______ on a safari in Africa, with my parents."
- "When 4) ______ to Africa ?"
- "Well, we 5) ______ England in July last year and ..."
- "How long 6) ______ there ?"
- "We spent three weeks there, it was wonderful."
- "I suppose you 7) ______ lions and elephants, then ?"
- "Of course I have ; they're the most extraordinary animals I 8) ______ of. When we were there, we 9) ______ all day, and as soon as there was something interesting, we 10) ______ and looked ..."

L'EXPRESSION DU FUTUR

Il n'existe pas de temps grammatical. On peut l'exprimer avec :

1. **LE PRESENT SIMPLE** (voir le chapitre page 42), lorsqu'il s'agit d'une action programmée, d'un horaire :
   We leave at 2 p.m. tomorrow. —> *Nous partons à 2 h demain.*

2. **LE PRESENT EN -ING** (voir le chapitre page 42), lorsqu'il s'agit d'un futur proche, qui fait intervenir l'intention du locuteur :
   I'm going to the cinema tonight. —> *Je vais au cinéma ce soir.*

3. **"BE GOING TO"**, pour exprimer une intention, un choix, de la part du locuteur, ou une prévision :

   Forme affirmative : sujet + "am, is, are going to" + base verbale
   Forme interrogative: "am, is, are" + sujet + "going to" + base verbale
   Forme négative : sujet + "am not, is not, are not going to" + base verbale

   I'm going to do my homework. —> *Je vais faire mes devoirs.*
   Are they going to buy this house ? *Vont-ils acheter cette maison ?*
   It isn't going to rain. —> *Il ne va pas pleuvoir.*

4. **"WILL",** pour exprimer une volonté du locuteur, ou un futur plus lointain, inévitable (voir aussi le chapitre page 59 sur les auxiliaires modaux) :

   He'll do it later. —> *Il le fera plus tard.*
   I'm sure she won't come. —> *Je suis sûr qu'elle ne viendra pas.*
   Will you help me ? —> *Voulez-vous bien m'aider ?*
   Mum will be forty next month. —> *Maman aura quarante ans le mois prochain.*

Forme affirmative	Forme interrogative	Forme négative
I **will** wait = I'll ou I **shall** wait you **will** wait = you'll he / she / it **will** wait = he'll / she'll / it'll we **will** wait = we'll ou we **shall** wait you **will** wait = you'll they **will** wait = they'll	**shall** I wait ? **will** you wait ? **will** he / she / it wait ? **shall** we wait ? **will** you wait ? **will** they wait ?	I **will not** wait = won't ou I **shall not** wait you **will not** wait = won't he / she / it **will not** wait = won't we **will not** wait = won't ou we **shall not** wait you **will not** wait = won't they **will not** wait = won't

➤ La forme contractée est très souvent utilisée.

➤ Pour les premières personnes, dans les formes interrogatives, **"shall I, shall we ?"** permet d'exprimer une suggestion, de demander l'avis de l'interlocuteur :

Shall we go, too ?
—> *Allons-nous y aller aussi ? (Voulez-vous que nous y allions aussi ?)*

➤ Voir le chapitre "la coordination, la subordination", page 85, en ce qui concerne les subordonnées circonstancielles de temps.

95 **Utiliser les éléments proposés pour travailler comme dans l'exemple :**

Exemple : he - take an apple / eat
—> - Look, he's taking an apple ; what's he going to do with it ?
- Well, I suppose he's going to eat it !

1 - she - take a cassette / listen to
2 - he - wear swimming trunks / go to the swimming pool
3 - they - open their books / work
4 - Dad - switch the TV on / watch the news
5 - Sue - get dressed / do her shopping
6 - he - take his racket / play tennis
7 - Mary - take notes down / make a speech
8 - they - buy dictionaries / learn English

96 **Utiliser les éléments proposés pour travailler comme dans les exemples :**

Exemples : he - not move / she - not see anything
—> If he doesn't move, she won't see anything.

she - stay / he - not like it
—> If she stays, he won't like it.

1 - he - get married / his sister - be alone
2 - she - lose / he - not be happy
3 - she - succeed / he - give her a present
4 - he - become President / things - not change
5 - even - you - not invite her / she - come
6 - you - sell your car / you - not get much money out of it
7 - she - go to bed now / she - not be tired tomorrow
8 - you - not look for one / you - not find one

Dans les 2 exercices suivants, exprimer le futur à l'aide de "will" ou "be going to" :

97

1 - What ______ now ? (we - visit)
2 - How long ______ to reach the top ? (it - take)
3 - I'm afraid there ______ a storm, look at the sky ! (be)
4 - I'm afraid I ______ time to do it ! (not have)
5 - Do you think life ______ easier in 2000 ? (be)
6 - I suppose she ______ her homework this afternoon. (do)
7 - Don't worry, we ______ back before midnight. (be)
8 - I've made up my mind : I ______ a year in England. (spend)

98

1 - I'm afraid he ______ it. (not like)
2 - What's this ladder for ? Well, he says he ______ the roof. (repair)
3 - We ______ late if you don't hurry. (be)
4 - I ______ the carpet in the sitting room ; this one's too dirty. (change)
5 - If she goes on talking, her teacher ______ her. (punish)
6 - You ______ a lot of equipment if you go on a safari. (need)
7 - Hold on, I ______ if he's in. (see)
8 - I ______ fifteen next month. (be)

99 **Compléter à l'aide de "shall" ou "will" :**

1 - She ______ probably win next time.
2 - When ______ the doctor come ?
3 - ______ I help you ?
4 - Your passport ______ be ready next week.
5 - I'm sure they ______ be delighted.
6 - When ______ I start ?
7 - You can be sure he ______ study it carefully.
8 - ______ we talk about it now ?

100 **Compléter à l'aide des verbes suivants conjugués au futur en "will" :**

1 - not be
2 - be
3 - hurry
4 - not enjoy
5 - live
6 - work
7 - not be
8 - people-travel
9 - eat
10 - try

- "I'm afraid life 1) ______ very exciting in the future. There probably 2) ______ cars everywhere, people 3) ______ all the time, they 4) ______ themselves very often, and they all 5) ______ in towns. I don't know if they 6) ______ more, but I suppose there 7) ______ enough jobs for everyone, unfortunately !"
- "8) ______ by car, and 9) ______ they the way we do ?"
- "I don't know, Mike, but we 10) ______ to build a better world !"

L'EXPRESSION DU CONDITIONNEL

Il n'existe pas de temps grammatical en Anglais. Quand on ne veut pas donner de valeur particulière à "should" et "would", on utilise de plus en plus souvent, dans la langue parlée, "would" à toutes les personnes. ('d)

On l'emploie :

- **pour exprimer l'irréel, soumis à une condition.** Dans ce cas, la subordonnée est introduite par "if", et le verbe de cette subordonnée est au prétérit simple (prétérit modal) :

  If you listened you would (you'd) understand !
  —> *Si tu écoutais tu comprendrais !*
  What would you say if she insisted ? —> *Que dirais-tu si elle insistait ?*

- **pour formuler des demandes polies :**

  Would you prefer to come, too ? —> *Préfèreriez-vous venir aussi ?*

- **pour exprimer ce qu'on aimerait ou n'aimerait pas faire :**

  I'd like to watch this film. —> *J'aimerais regarder ce film.*
  They wouldn't like to live in London. —> *Ils n'aimeraient pas vivre à Londres.*

Forme affirmative	Forme interrogative	Forme négative
I **would** like = I'd	**would** I like ?	I **would not** like = wouldn't
you **would** like = you'd	**would** you like ?	you **would not** like = wouldn't
he / she / it **would** like = he'd / she'd / it would	**would** he / she / it like ?	he / she / it **would not** like = wouldn't
we **would** like = we'd	**would** we like ?	we **would not** like = wouldn't
you **would** like = you'd	**would** you like ?	you **would not** like = wouldn't
they **would** like = they'd	**would** they like ?	they **would not** like = wouldn't

Donc :

forme affirmative : sujet + "would = 'd" (à toutes les personnes) + base verbale
forme interrogative : "would" (à toutes les personnes) + sujet + base verbale
forme négative : sujet + "would not = wouldn't" (à toutes les personnes) + base verbale

➤ Peut aussi rendre le conditionnel :

- **"could"** (à toutes les personnes) + base verbale —> **capacité, possibilité** :
  Could you come, please ? —> *Pourriez-vous venir, s'il vous plaît ?*

101 Conjuguer les verbes au conditionnel :

1 - ______ to come with us ? (you - like)
2 - He said £ 5 ______ enough. (be)
3 - If I were you I ______ to her. (write)
4 - What ______ if a robber stole your bag ? (you - do)
5 - If I had more money I ______ longer holidays. (take)
6 - She says she ______ to join the group. (like)
7 - ______ to be successful ? (you - not prefer)
8 - If you were more careful you ______ better. (probably - understand)

102 Utiliser les éléments proposés pour travailler comme dans l'exemple :

***Exemple* :** what - buy her / flowers
—> - What shall I buy her ?
- Well, if I were you I'd buy her flowers.

1 - what - bring him / a record
2 - where - go on holiday / Hawaii
3 - what time - open my shop / at 9 a.m.
4 - which shirt - choose / the red one
5 - what - drink / an orange juice
6 - how many books - take / about ten
7 - where - sit / in the front row
8 - what - have for lunch / a couple of sandwiches

103 Compléter à l'aide des verbes suivants conjugués au prétérit simple ou au conditionnel :

1 - live
2 - be
3 - go
4 - have
5 - spend
6 - enjoy
7 - move
8 - spend
9 - not arrive
10 - be

- "If I 1) ______ in a big city it 2) ______ more exciting ! We 3) ______ to the cinema or to the theatre more often, we 4) ______ our meals in good restaurants ... Of course we 5) ______ more money but we 6) ______ ourselves more !"

- "You forget one thing, darling ! You should be more realistic, you know ! If we 7) ______ to town we 8) ______ all our time in traffic jams and we 9) ______ at the office on time ... Can you imagine what life 10) ______ like ?"

LES AUXILIAIRES MODAUX, LES AUTRES AUXILIAIRES

- Les auxiliaires modaux ne fonctionnent pas avec "do, did" aux formes interrogatives et négatives,
- ils ont la même forme à toutes les personnes,
- ils ne prennent pas de "s" à la 3ème personne du singulier,
- ils n'existent qu'au présent. Aux autres temps, on utilise des expressions équivalentes.

MUST

Obligation —> "devoir" :
You must help her. —> *Tu dois l'aider.*
Forte probabilité —> "devoir" :
He must be English. —> *Il doit être Anglais.*

MUST NOT = MUSTN'T

Interdiction —> "il ne faut pas que" :
They must not (mustn't) drink that ! —> *Ils ne doivent pas boire ça !*

TO HAVE TO

Au présent, obligation imposée de l'extérieur, règlement —> "devoir" :
They have to wear a uniform, here. —> *Ils doivent porter un uniforme, ici.*
A tous les autres temps, obligation —> "devoir" :
He had to stay in hospital. —> *Il a dû rester à l'hôpital.*
Did they have to hide ? —> *Ont-ils dû se cacher ?*
A la forme négative, absence d'obligation, à tous les temps : "don't have to" = "haven't got to" —> "pas besoin de, inutile de" :
You don't have to call the doctor. —> *Inutile d'appeler le docteur.*
She won't have to stay. —> *Elle n'aura pas besoin de rester.*
"To have got to" exprime une obligation exceptionnelle :
I can't stay tonight, I've got to train for the match !
—> *Je ne peux pas rester ce soir, je dois m'entraîner pour le match !*

NEEDN'T = DON'T NEED TO

Absence d'obligation —> "pas besoin de, inutile de" :
You needn't repeat it. —> *Inutile de le répéter.*
They won't need to book their seats.
—> *Ils n'auront pas besoin de réserver leurs places.*

CAN

Permission —> "pouvoir" :
Can I open the window ? Yes, you can.
—> *Puis-je ouvrir la fenêtre ? Oui, vous pouvez l'ouvrir.*
Capacité physique ou intellectuelle —> "pouvoir, savoir, être capable de" :
She can swim. —> *Elle sait nager.*
devant "see, hear" :
Yes, I can hear you ! —> *Oui, je t'entends !*

CANNOT = CAN'T

Interdiction —> "ne pas pouvoir", "ne pas avoir l'autorisation de :
You can't park here ! —> *Vous ne pouvez pas vous garer ici !*
Incapacité physique ou intellectuelle —> "ne pas pouvoir", "ne pas savoir" :
She can't speak English ! —> *Elle ne sait pas parler anglais !*
Incrédulité, forte improbabilité —> "c'est impossible" :
It can't be true ! —> *Ça ne peut pas être vrai !*

COULD et COULD NOT = COULDN'T

Ont les mêmes sens que "can" et "can't", mais dans le passé :
He could carry heavy bags. —> *Il savait porter des sacs lourds.*
She couldn't swim ! —> *Elle ne savait pas nager !*
Peuvent être des conditionnels, donc exprimer l'irréel :
If I could read, I would translate it. —> *Si je savais lire, je le traduirais.*

TO BE ABLE TO

Capacité (ou incapacité, à la forme négative) physique ou intellectuelle —> "je suis capable de", "je sais". Se conjugue à tous les temps :
Will they be able to lift this case ?
—> *Seront-ils capables de soulever cette valise ?*
She won't be able to type her report !
—> *Elle ne sera pas capable de taper son rapport !*
Fortunately he was able to translate his text !
—> *Heureusement il a su traduire son texte !*

MAY

Permission (plus poli que "can") —> "pouvoir" :
May I ask you a question, Sir ? —> *Puis-je vous poser une question, Monsieur ?*
Eventualité —> "il se peut que" :
It may rain tonight. —> *Il se peut qu'il pleuve ce soir.*

MAY NOT

Interdiction —> "ne pas pouvoir", "ne pas avoir l'autorisation de" :
You may not open this box. —> *Tu n'as pas le droit d'ouvrir cette boîte.*
Négation de l'éventualité — > "il se peut que ... pas" :
They may not come. —> *Il se peut qu'ils ne viennent pas.*

TO BE ALLOWED TO

Permission (ou interdiction à la forme négative)
—> "je peux", "j'ai l'autorisation de". Se conjugue à tous les temps :
Do you think you'll be allowed to stay ?
—> *Crois-tu que tu auras la permission de rester ?*
They weren't allowed to leave school before 3 p.m.
—> Ils n'ont pas eu l'autorisation de quitter l'école avant 3 h.

SHALL

Futur (voir le chapitre page 54)
Pour demander un avis, un conseil, aux 1ères personnes, forme interrogative :
Shall I help you ? —> *Voulez-vous que je vous aide ?*

WILL

Futur (voir le chapitre page 54)
Volonté :
Will you carry this please ? —> *Voulez-vous porter ceci, s'il vous plaît ?*

WILL NOT = WON'T

Futur (voir le chapitre page 54)
Refus (accentué) :
She will not stay. —> *Elle ne veut pas rester.*

WOULD

Conditionnel (voir le chapitre page 57)
Volonté (accentué) :
I tried to stop him, but he would go on !
—> *J'ai essayé de l'arrêter, mais il a voulu continuer !*

Dans les 2 exercices suivants, compléter à l'aide des auxiliaires modaux voulus, au présent :

104

1 - They ______ be tired, after such a journey !
2 - You ______ smoke in this restaurant ! It's forbidden !
3 - Children ______ obey their parents.
4 - I ______ believe this story ! It's impossible !
5 - ______ I sit here, Madam ?
6 - What else ______ we do ?
7 - ______ you tell me how to get there, please ?
8 - Your job ______ be fascinating !

105

1 - I'm sorry, I ______ hear you !
2 - She ______ swim well, she's very good at sport.
3 - Ask him, he ______ know, but I don't think he does.
4 - We ______ make any noise after 10 o'clock.
5 - We ______ be rich one day !
6 - I'm sorry but we ______ pay in cash, we've left our purse at home.
7 - ______ you answer the phone for me, please ?
8 - Why ______ I always repeat my questions several times ?

106 **Repérer les phrases dans lesquelles "must" exprime l'obligation, et les mettre au futur. Quelle est la valeur de "must" dans les autres phrases ?**

1 - She must be ill, she doesn't say anything.
2 - You must tell her about it, it's very important.
3 - It must be funny !
4 - All his pupils must listen to him carefully.
5 - There must be a problem somewhere !
6 - You must use the other telephone.
7 - Tell her she must take the number five bus.
8 - These exercises must be difficult.

107 **Repérer les phrases dans lesquelles "may" exprime la permission, et les mettre au futur. Quelle est la valeur de "may" dans les autres phrases ?**

1 - May I use the bathroom, Madam ?
2 - He may arrive late.
3 - Yes, darling, you may have another cake.
4 - She may sell her flat at the beginning of next year.
5 - It may freeze tonight.
6 - This exercise may be too difficult for my pupils.
7 - You may put an end to the interview if you want to.
8 - They may elect a new president soon.

108 **Compléter à l'aide des auxiliaires voulus, conjugués aux temps proposés :**

1 - It's too difficult, I never ____ do it ! (capacité physique - futur)
2 - You ____ keep quiet during the meeting. (obligation - futur)
3 - When I was a little girl I never ____ stay up after 8 p.m. (permission - passé)
4 - As we were late, we ____ catch the following train. (obligation - passé)
5 - It ____ be a joke ! (probabilité - présent)
6 - You ____ be careful if you go to the U.S.A. (obligation - futur)
7 - Why you ____ carry it yourself ? (obligation - passé)
8 - This story ____ be true ! (éventualité - présent)

Dans les 2 exercices suivants, compléter à l'aide des auxiliaires proposés, conjugués aux temps voulus :

109

1 - He ____ play rugby next week, he's hurt. (not be able to)
2 - I don't think I ____ pass this test ! (ever - be able to)
3 - He's so drunk that we ____ carry him upstairs. (have to)
4 - Ask your Dad if you ____ go to the cinema tomorrow. (be allowed to)
5 - Which train ____ take ? (they - have to)
6 - Next time you ____ be more patient ! (have to)
7 - I'm afraid I ____ remember his name ! (never - be able to)
8 - You ____ catch the next train, Mike ! (have to)

110

1 - She was so tired that she ____ finish her homework. (not can)
2 - As the manager wasn't in, we ____ wait at the cash desk for half an hour ! (have to)
3 - ____ stay in the end ? No, I wasn't. (you - be allowed to)
4 - ____ be available day and night when you were there ? (you - have to)
5 - They ____ interrupt the match because the spectators were too excited. (have to)
6 - He was so sick that his friends ____ carry him ! (have to)
7 - We ____ do anything to help him ! It's too late ! (not can)
8 - I'd like to know if she ____ really play rugby when she was younger ! (can)

111 **Utiliser les éléments proposés pour travailler comme dans l'exemple :**

***Exemple* :** he - help me - repair his car
—> He can't help me because he's got to repair his car.

1 - she - stay - be in London at 5 p.m.
2 - I - explain it now - finish my exercises
3 - John - do his homework - go windsurfing with his friends
4 - he - do the washing-up - watch the news
5 - we - do it tonight - go to the supermarket
6 - I - relax now - type my letters
7 - she - go to the swimming pool - write all her postcards
8 - I - have breakfast with you - catch the next bus

112 **Traduire ces phrases :**

1 - Il faudra que les choses changent.
2 - Il peut être dangereux de sortir seul le soir.
3 - Tu peux venir avec nous si tu veux.
4 - J'espère que tu pourras dormir pendant quelques heures.
5 - Ils ont dû arrêter le match parce qu'il faisait trop froid.
6 - Cette maison doit être très ancienne.
7 - Il se peut qu'elles arrivent en retard.
8 - Aura-t-elle la permission de jouer dans leur équipe ?

LES PHRASES IMPERATIVES

	2èmes personnes —> ordre, offre	1ère personne du pluriel —> suggestion, proposition	autres personnes —> *"laisser faire"*
Forme affirmative	Go out ! *—> Sors, sortez !*	Let's phone him ! *—> Téléphonons-lui !*	Let her sit here ! *—> Laisse-la, laissez-la s'asseoir ici !*
Forme négative	Don't watch this film ! *—> Ne regarde pas, ne regardez pas, ce film !*		Don't let Mike drive it ! *—> Ne laisse pas, ne laissez pas, Mike la conduire !*

➤ A la 1ère personne du pluriel, le "tag" est "shall we ?"
Aux autres personnes, c'est "will you ?"
Let's invite her, shall we ? —> *Et si on l'invitait, hein ?*
Don't take it, will you ! —> *Ne le prends pas, veux-tu !*

113 **Utiliser les éléments proposés entre parenthèses pour travailler comme dans l'exemple :**

Exemple **:** It's hot ! (go to ...) —> Let's go to the swimming pool !

1 - It looks nice ! (buy ...)
2 - These skirts aren't very expensive ! (try ... on)
3 - It's sunny today ! (go for a walk)
4 - We're cold ! (have a cup of tea)
5 - They say it's a good film ! (go and see it)
6 - We've got a lot of homework today ! (do it now)
7 - This text's in French. (translate ...)
8 - Rosie isn't very well. (go and visit her)

Transformer les phrases en utilisant "let" ou "don't let",

114 **comme dans les exemples :**

***Exemples* :** Betty would like to paint it red.
—> Let her paint it red !

Chris shouldn't sleep on the sofa.
—> Don't let him sleep on the sofa !

1 - They'd like to go to the restaurant tonight.
2 - Anne shouldn't wear a hat here.
3 - Mike shouldn't put so much mustard !
4 - My children would like to start earlier.
5 - Pauline and Betty shouldn't carry such big bags !
6 - Judy would like to go to university.
7 - Jane shouldn't speak to these boys.
8 - Ken would like to have lunch in town.

Traduire ces phrases :

115

1 - Cette histoire est ridicule, ne la crois pas !
2 - Téléphonons-lui !
3 - Ne les laissez pas sortir chaque soir !
4 - Ne pleure pas, chérie !
5 - Ne la laisse pas répondre à cette question !
6 - Invitons-les samedi prochain !
7 - Ne soyez pas idiots !
8 - Apportez-moi une autre assiette !

LES PHRASES INTERROGATIVES

Il y a deux types de phrases interrogatives :

LES QUESTIONS FERMEES, qui commencent par un auxiliaire, et auxquelles on répond par "yes" ou "no". L'intonation est montante.

1. s'il y a un auxiliaire ou un modal, ou "be" on opère l'inversion avec le sujet :

Donc : auxiliaire ou modal + sujet + **ou "be"**	**forme verbale** **adjectif ou adverbe** **nom** **complément de lieu**

He is singing. —> Is he singing ?
She will agree. —> Will she agree ?
They can swim. —> Can they swim ?
She is beautiful. —> Is she beautiful ?
They are at home. — > Are they at home ?

2. s'il n'y a ni auxiliaire, ni modal, ni "be", mais qu'il s'agit d'un verbe ordinaire, on utilise "do, does" au présent simple, "did" au prétérit :

Donc : "do, does, did" + sujet + base verbale

Mum played tennis yesterday. —> Did Mum play tennis yesterday ?

LES QUESTIONS OUVERTES, qui commencent par un mot interrogatif et demandent des renseignements précis. L'intonation est descendante.

1. s'il y a un auxiliaire, ou un modal, ou "be", on opère l'inversion avec le sujet :

Donc : mot interrogatif + auxiliaire ou modal ou "be" + sujet + forme verbale

She is eating a cake. —> What is she eating ?
They will arrive tomorrow. —> When will they arrive ?
He was at home. —> Where was he ?
They were cooking. —> What were they doing ?
She has prepared a cake. —> What has she prepared ?

2. s'il n'y a ni auxiliaire, ni modal, ni "be", mais qu'il s'agit d'un verbe ordinaire, on utilise "do, does", au présent simple, "did" au prétérit :

Donc : mot interrogatif + "do, does, did" + sujet + base verbale

He goes to school in London. —> Where does he go to school ?
She remembered his name. —> What did she remember ?

➤ Si le mot interrogatif est sujet du verbe, la structure est celle d'une phrase affirmative :

Who arrived first ? —> *Qui est arrivé premier ?*
What happened next ? —> *Que s'est-il passé ensuite ?*

➤ ATTENTION de ne pas confondre :

Who rang you ? —> *Qui t'a téléphoné ?*
Who did you ring ? —> *A qui as-tu téléphoné ?*

➤ Lorsqu'un verbe est prépositionnel, la préposition est rejetée en fin de phrase :

What are you looking for ? —> *Que cherches-tu ?*
Who is she listening to ? —> *Qui écoute-t-elle ?*
Who is he playing with ? —> *Avec qui joue-t-il ?*

LES MOTS INTERROGATIFS

who —> *qui*
why —> *pourquoi*
when —> *quand*
which —> *lequel*
what —> *que*
where —> *où*
what time —> *à quelle heure*
whose —> *à qui*
how far —

how —> *comment*
how often —> *avec quelle fréquence*
how high —> *de quelle hauteur*
how long —> *depuis combien de temps, pendant combien de temps, de quelle longueur*
how many, how much —> *combien de*
how many times —> *combien de fois*

Dans les 4 exercices suivants, poser les questions qui correspondent aux mots soulignés :

116

1 - We're leaving London tomorrow.
2 - These are Mrs Benford's children.
3 - My uncle's going to help her.
4 - My cousins will come next month.
5 - Mum's doing the washing-up.
6 - My sister's 6 years old.
7 - They're playing in the garden.
8 - He'll ring us next Monday.

117

1 - She learns Latin at school.
2 - She lives in Liverpool.
3 - His pupils needed white paper.
4 - Ken celebrated his birthday at his parents' yesterday.
5 - His father works in town.
6 - Mum cooked the dinner last night.
7 - It took them an hour to get there.
8 - Jennifer always understands the English lessons.

118

1 - Mrs Dunn wrote this article last week.
2 - We were working when we heard the noise.
3 - She's found five mistakes in his dictation.
4 - It happened two weeks ago.
5 - I'm going to have a bath.
6 - He's decided to stay at school.
7 - She's been helping them for months.
8 - She'll wear her green skirt to go to school.

119

1 - Mr Sturla found the answer.
2 - She doesn't agree with her husband.
3 - He writes to his grandparents once a month.
4 - They can't go to the States because they haven't got their visas.
5 - I don't like Mike's after-shave.
6 - She was looking at Steve.
7 - My sister was fourteen when my mother died.
8 - He worked for them a few years ago.

Dans les 2 exercices suivants, compléter à l'aide des pronoms interrogatifs voulus :

120

1 - ______ concerts did he give ?
2 - ______ did he become a dentist ? Because he liked the job !
3 - ______'s the author of this book ?
4 - ______ old was she when you met her ?
5 - ______ have they been playing ? For two hours.
6 - ______ of these two will you choose ?
7 - ______ did it take you so long ?
8 - ______ were you when it happened ?

121

1 - ______ often do you practise ?
2 - ______ will you play against ?
3 - ______ are they so worried about ?
4 - ______ will you have time to read it ?
5 - ______ far is it to the station ?
6 - ______ solutions have you found ?
7 - ______ time did you get up this morning ?
8 - ______ are you looking for, Mike ? For my purse.

LES PHRASES REDUITES, LES "TAGS"

LES REPONSES COURTES

Il n'est pas poli de répondre "yes", "no" ; il est préférable de reprendre l'auxiliaire utilisé dans la question.

Do you understand ? Yes, I do.
Can you cook ? Yes, I can.
Did she buy it ? No, she didn't.
Will he come ? No, he won't.

LES QUESTION-TAGS

Ils permettent de demander confirmation, d'attirer l'attention ; ils se traduisent par "n'est-ce-pas", "hein" ?

- s'il y a un auxiliaire, ou "be", dans la phrase, on le réutilise ; sinon, on emploie "do, does" si le verbe est au présent simple, "did" s'il est au prétérit,
- si la phrase est affirmative, le "tag" est interro-négatif ; si elle est négative, il est interrogatif,
- le sujet se place derrière l'auxiliaire ; c'est toujours un pronom personnel ; il renvoie au sujet de la phrase,
- le "tag" est précédé d'une virgule, suivi d'un point d'interrogation :

She is good at English**, isn't she ?**
He teaches French**, doesn't he ?**
Dad called you yesterday**, didn't he ?**
You haven't heard her**, have you ?**
She can't swim**, can she ?**
He has never had a bike**, has he ?**
Rose would like to go**, wouldn't she ?**

LES TAGS DE CONFORMITÉ

Ils permettent d'exprimer les mêmes goûts, les mêmes habitudes ...
Ils se traduisent par "moi aussi", "moi non plus". Le sujet est accentué.

1. *"MOI AUSSI"*

- le "tag" commence par **"so"**,
- s'il y a un auxiliaire, ou "be" dans la phrase, on le réutilise ; sinon, on emploie "do, does" si le verbe est au présent simple, "did" s'il est au prétérit,
- le "tag" se termine par un nouveau sujet, qui n'est pas forcément un pronom personnel :

Her brother is good at tennis. **So is mine.**
—> Son frère est bon en tennis. Le mien aussi.
She lives in the country. **So does Pam.**
—> Elle habite la campagne. Pam aussi.
He worked as a doctor. **So did they.**
—> Il travaillait comme docteur. Eux aussi.
She can swim. **So can we.** *—> Elle sait nager. Nous aussi.*

2. "*MOI NON PLUS* "

- le "tag" commence par **"neither"**,
- il se forme de la même façon que pour dire "moi aussi". On n'utilise pas de négation :

She didn't make her bed. **Neither did Kate.**
—> *Elle n'a pas fait son lit. Kate non plus.*
I can't remember his name. **Neither can I.**
—> *Je n'arrive pas à me souvenir de son nom. Moi non plus.*

➤ Le sujet du "tag" n'étant pas le même que celui de la phrase, attention de bien accorder l'auxiliaire avec ce nouveau sujet :
I have got two sisters. So has he. —> *J'ai deux sœurs. Lui aussi.*
He doesn't work well. Neither do you.
—> *Il ne travaille pas bien. Toi non plus.*

LES TAGS DE NON-CONFORMITE
Ils permettent d'exprimer des goûts, des habitudes, différents ... Ils se traduisent par "mais moi si", "mais pas lui" ... Sujet et auxiliaire sont accentués.

- si la phrase est négative, le tag est affirmatif ; si elle est affirmative, il est négatif,

- s'il y a un auxiliaire, ou "be" dans la phrase, on le réutilise ; sinon, on emploie "do, does" si le verbe est au présent simple, "did" s'il est au prétérit :

He is kind ! But **she isn't !** —> *Il est gentil ! Mais pas elle !*
She understands everything, but **he doesn't !**
—> *Elle comprend tout, mais pas lui !*
He didn't speak Spanish, but **his friends did.**
—> *Il ne parlait pas Espagnol, mais ses amis si.*

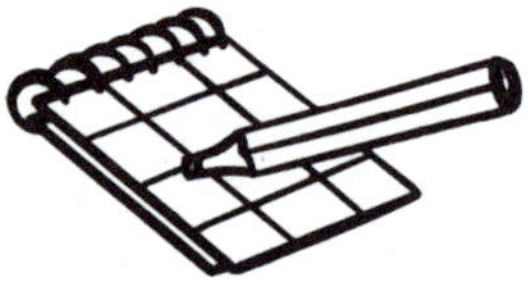

Dans les 2 exercices suivants, compléter à l'aide des question-tags "n'est-ce-pas" :

122
1 - There are lots of pictures in the window, ______ ?
2 - You know them, ______ ?
3 - It was on the table, ______ ?
4 - You'd like some tomatoes, ______ ?
5 - He left them in the box, ______ ?
6 - He doesn't work in Cardiff, ______ ?
7 - Windsor's very popular, ______ ?
8 - She's imagined the story, ______ ?

123
1 - You wouldn't believe this, ______ ?
2 - There's some cheese in the fridge, ______ ?
3 - They didn't follow her, ______ ?
4 - He always wins the Cup, ______ ?
5 - Their names are Bob and Bill, ______ ?
6 - It often rains there, ______ ?
7 - He'll pass his test, ______ ?
8 - They haven't sent you a card, ______ ?

Dans les 2 exercices suivants, compléter à l'aide des tags de conformité "moi aussi, lui non plus ..." :

124

1 - He had a funny accent. (his wife)
2 - They drank some coffee. (our English friends)
3 - They don't work on Boxing Day. (he)
4 - She does her shopping in town. (my mother)
5 - She can't sing well. (I)
6 - She hasn't finished her homework. (we)
7 - Tom stayed with her all day. (her parents)
8 - I don't understand anything ! (she)

125

1 - They flew to Paris last week. (Mr Dunn)
2 - They serve Italian food here. (he)
3 - It belonged to Aunt Mary. (these books)
4 - He didn't like us. (Harry)
5 - Everybody must listen to him. (we)
6 - The Russians are looking for him. (the Americans)
7 - He never locks the door. (my sister)
8 - They weren't working for this firm. (I)

126 **Compléter à l'aide des "tags" voulus :**

- "You like running, 1) ______ ?"

- "Yes, I do, and 2) ______ my brothers and sisters. It would be good for you, Tony."

- "Yes, it would, 3) ______ ? But I just get tired very easily, and 4) ______ my children. That's why I stay in bed late on Sundays, but Kate, my wife, 5) ______."

- "I know ... she always gets up early, 6) ______ ?"

- "Yes, she does. Moreover, two years ago she started playing table tennis, in a club, but 7) I ______, of course, because I'm too old !"

- "Oh, and she liked it, 8) ______ ?"

- "Yes, she did, she enjoyed it very much ! But I'm sure I wouldn't."

- "9) ______ I ! It would be too difficult for me ! But we could go to the swimming pool, 10) ______ ?"

LES PHRASES EXCLAMATIVES

1. L'EXCLAMATION PORTE SUR UN NOM, PRECEDE OU NON D'UN ADJECTIF :
what —> *quel* **such** —> *si, tel*

- "what" ou "such" + "a, an" + (adjectif) + nom dénombrable singulier

What a big kitchen ! —> *Quelle grande cuisine !*
I'd like to have such an interesting job !
—> *J'aimerais avoir un emploi aussi intéressant !*

- "what" ou "such" + (adjectif) + nom dénombrable pluriel

Would you believe in such stories ! —> *Croiriez-vous de telles histoires !*
He's never seen such big animals ! —> *Il n'a jamais vu d'animaux aussi gros !*

- "what" ou "such" + (adjectif) + nom indénombrable

What beautiful weather ! *Quel temps magnifique !*
They shouldn't sell such wine ! —> *Ils ne devraient pas vendre un tel vin!*

2. L'EXCLAMATION PORTE SUR UN ADJECTIF OU UN ADVERBE :
how —> *comme* **so** —> *si*

How awful ! —> *Comme c'est affreux !*
You can't imagine how intelligent she is !
—> *Tu ne peux pas imaginer comme elle est intelligente !*
She is so lazy ! —> *Elle est si paresseuse !*

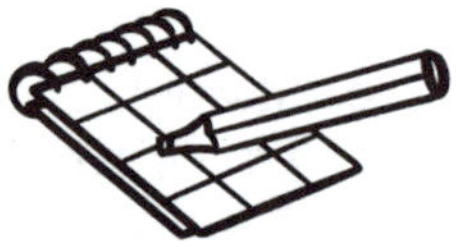

Dans les 2 exercices suivants, compléter à l'aide de "what, what a / an" ou "how" :

127

1 - ______ big living room !
2 - ______ great parties they give !
3 - ______ lovely day !
4 - ______ awful !
5 - ______ incredible story !
6 - ______ tired I was !
7 - ______ stupid ideas you have, sometimes !
8 - ______ tall you are now !

128

1 - ______ lucky your parents are !
2 - ______ interesting book !
3 - ______ enormous box !
4 - ______ large this car is !
5 - ______ wonderful it must be !
6 - ______ good food they serve here !
7 - ______ nice surprise !
8 - ______ clever his children are !

Dans les 2 exercices suivants, compléter à l'aide de "such, such a / an" ou "so" :

129

1 - She is ______ beautiful that everybody looks at her.
2 - Why are you walking ______ fast ?
3 - I've never met ______ interesting person !
4 - She's ______ lazy girl !
5 - ______ hotels usually have a swimming pool.
6 - ______ cars are very expensive !
7 - The beach was ______ crowded that you couldn't see the sand !
8 - They shouldn't make ______ suggestions !

130

1 - Don't eat ______ cakes, they're too hard !
2 - The words are ______ complicated that you can't write them properly.
3 - He's had ______ unusual jobs, you know !
4 - She's got ______ big flat that there are three bathrooms !
5 - The exam was ______ difficult that nobody passed it.
6 - Her novels are ______ good that I read them all.
7 - Why did you choose ______ activities ?
8 - It's ______ popular sport here !

131 **Compléter à l'aide des exclamatifs voulus :**

- "1) ______ lucky you are, Stephen ! You've been to Spain, haven't you ? 2) ______ wonderful holiday you've had, I'm sure !"

- "Well, no, Betty, it wasn't as good as you think ! First, I've never seen 3) ______ hot country ! Much too hot for me ! Moreover, there were 4) ______ many tourists that we couldn't park the car anywhere when we went to the beach ... Anyway, the beach was 5) ______ dirty, and the sea 6) ______ polluted that we stopped going at all, after a few days ! And 7) ______ expensive hotel we had ! Travel agencies shouldn't advertise 8) ______ places, really !"

- "Oh, 9) ______ disappointed you must be, then !"

- "Yes, I am, and my wife's 10) ______ furious that she says she'll stay in France now !"

LES PRONOMS RELATIFS

Pour choisir le pronom relatif il faut repérer si l'antécédent (le nom auquel il se rapporte) est une personne, ou un animal ou une chose, et trouver sa fonction (sujet, C.O.D. ...)

	Personne	Animal ou chose
Sujet	**who** ou **that**	**which** ou **that**
C. O. D.	**Ø** (très courant) whom ou that (rare)	**Ø** (très courant) which ou that (rare)
Complément de nom	**whose**	**whose** (très courant) of which (rare)
Complément de préposition	**Ø** ou **that** + **préposition en fin de phrase** (très courant) préposition + whom (rare)	**Ø** ou **that** + **préposition en fin de phrase** (très courant) préposition + which (rare)

The spectators **who** knew him laughed. —> *Les spectateurs qui le connaissaient ont ri.*
personne — sujet

It's **a book** **which** is full of jokes.—> *C'est un livre qui est rempli de blagues.*
chose — sujet

Where's **the robber** **(whom - that)** they've arrested ? —> *Où est le voleur qu'ils ont arrêté ?*
personne — C. O. D.

Do you like **the clothes** **(which - that)** he wears ? —> *Aimes-tu les vêtements qu'il porte ?*
chose — C. O. D.

Who's **the girl** **whose** photo's on your desk ? —> *Qui est la fille dont la photo est sur ton bureau ?*
personne — compl. du nom

Who's **the man** **to whom** you were talking ? (rare)
personne — compl. de préposition

On dit plutôt : Who's the man **Ø** you were talking to ?
—> *Qui est l'homme à qui tu parlais ?*

➤ On ne peut pas omettre le relatif sujet, mais il est souvent omis quand il est complément :

Can you show me the pictures Ø you took last year ?
—> *Peux-tu me montrer les photos que tu as prises l'an dernier ?*

➤ **"where, when, why"** peuvent aussi être relatifs :

I remember the day when I won.
—> *Je me souviens du jour où j'ai gagné.*
Is this the village where you were born ?
—> *Est-ce le village où tu es né ?*

Parfois, on trouve des relatives entre virgules ; elles sont peu utilisées dans la langue parlée, et le relatif ne peut jamais être supprimé.

	Personne	Animal ou chose
Sujet	**who**	**which**
C. O. D.	**whom**	**which**
Complément de nom	**whose**	**of which**
Complément de préposition	**préposition + whom**	**préposition + which**

John, with whom I live, is 26. —> *John, avec qui je vis, a 26 ans.*

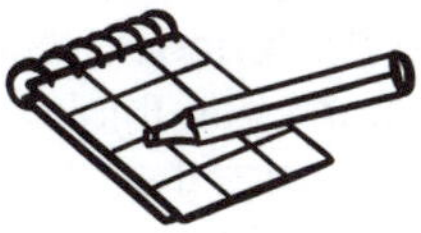

132 **Compléter à l'aide de "who" ou "which" :**

1 - It takes place in a room ______ was once the bathroom.
2 - Was it the manager ______ suggested it ?
3 - He's cut the tree ______ was in his garden.
4 - English is a language ______ is spoken by millions of people.
5 - A nurse is a person ______ works in a hospital.
6 - Christopher Columbus, ______ discovered America, died in 1506.
7 - They took the money ______ was inside.
8 - It must be difficult for the people ______ live there.

133 **Compléter à l'aide de "whom" ou "which", puis transformer les phrases comme dans l'exemple :**

***Exemple* :** Here's the girl to whom it belongs.
—> Here's the girl___it belongs to.

1 - The illness from ______ she's suffering is serious.
2 - The animal about ______ you're talking is a duck.
3 - What's the name of the girl at ______ you're laughing ?
4 - Tell me the word with ______ the text begins.
5 - The doctor for ______ we sent came immediately.
6 - The house of ______ she dreams is in the country.
7 - Who's the boy for ______ she's waiting ?
8 - The book for ______ I was looking was in my room !

Dans les 3 exercices suivants, compléter, si nécessaire, à l'aide de pronoms relatifs :

134

1 - I know a man ______ looks exactly like you !
2 - What's the name of the country ______ is situated in the North of England ?
3 - The girl ______ she must look after tonight is her little sister.
4 - Don't sit on the chair ______ is broken.
5 - The school ______ she goes to is a good one.
6 - My cousin, ______ lives in town, is my age.
7 - What do you think of the boy ______ she goes out with ?
8 - It was probably someone ______ wanted to look intelligent !

135

1 - Those ______ couldn't see were furious !
2 - Working with animals, ______ is interesting, is usually badly-paid.
3 - The photos ______ he takes are always excellent.
4 - They've moved to a farm ______ isn't far from here.
5 - She sent it to her teacher, ______ marked it.
6 - I don't understand the text ______ she's talking about.
7 - Don't you think that the coat ______ you're wearing is too long ?
8 - I'm sure the boy ______ you're thinking of is my brother !

136

1 - It's a magazine for those ______ are interested in cars.
2 - Who's the man ______ she's travelling with ?
3 - Are you talking about the man ______ daughters go to the swimming pool with Jane ?
4 - He still loves the girl ______ he married ten years ago.
5 - Do you understand the words ______ he uses in this text ?
6 - We often go to Dover, ______ is only a few miles from here.
7 - They've got a daughter ______ name's Rose.
8 - Most of the women ______ work here are older than that !

137 Compléter, si nécessaire, à l'aide de pronoms relatifs :

- "Hello, I'd like to speak to ... eh ... she's got a yellow car and ..."

- "Yes, Madam, what's her name, please ?"

- "Well, the problem is, I don't know ... but she's the one 1) ______ works with Mrs Pluck, and 2) ______ husband was promoted recently. I never remember her name, 3) ______ is quite complicated, by the way !"

- "I see ... Could you give me a few details 4) ______ would help me identify her, maybe ?"

- "Yes : she's tall, she's got long blonde hair, blue eyes ... she's the kind of person 5) ______ people notice, you know. The clothes 6) ______ she wears are expensive, and she's someone 7) ______ always smiles ..."

- "Well, I'll see if there's anybody here 8) ______ can help ... hold on, please ..."

A few minutes later :

- "Hello, I've found the lady 9) ______ you're looking for, Madam : actually, that's what I thought : she's Mrs Catwick, the lady 10) ______'s in charge of the bank !"

LA VOIX PASSIVE

Le passif est très fréquent en Anglais. On l'utilise :

. pour décrire de façon objective,
. quand on ignore qui a fait l'action,
. quand le sujet n'est pas important,
. quand l'action est plus importante que le sujet.

Actif —> A strange man (sujet) followed (verbe au prétérit) me (C.O.D.) yesterday.

Passif —> I (sujet) was followed (be au prétérit + participe passé) by a strange man (by + complément d'agent) yesterday.

Actif —> The postman (sujet) will deliver (verbe au futur) this parcel (C.O.D.) tomorrow.

Passif —> This parcel (sujet) will be delivered (be au futur + participe passé) by the postman (complément d'agent) tomorrow.

➤ Le complément d'agent est introduit par **"by"** et n'est exprimé que s'il est important, s'il apporte des informations intéressantes. S'il n'est pas exprimé, le passif se traduit souvent par "on" :

Somebody found him dead last week. —> He was found dead last week.
—> *On l'a trouvé mort la semaine dernière.*

➤ La phrase active comporte parfois deux compléments, un complément direct, et un complément d'attribution ; c'est très souvent le complément d'attribution qui devient le sujet de la phrase passive (avec les verbes : "to give, to offer, to show, to send, to teach" ...) :

Actif —> Your sister (sujet) has told (verbe au present perfect) me (complément d'attribution) a good joke (C.O.D.).

Passif —> I (sujet) have been told (be au present perfect + participe passé) a good joke (C.O.D.) by your sister (complément d'agent).

Actif —> Somebody (sujet) showed (verbe au prétérit) her (complément d'attribution) the way (C.O.D.).

Passif —> She was shown the way. —> *On lui a montré le chemin.*

138 **Mettre les phrases à la voix passive ; exprimer le complément d'agent :**

1 - A little girl has saved him.
2 - The best detective will discover the truth.
3 - Charles Dickens wrote that book.
4 - James Call will present the news tonight.
5 - The manager has invited us.
6 - The members of the tribe killed him.
7 - The government controls it.
8 - The firemen have helped them out.

139 **Mettre les phrases à la voix passive, sans exprimer le complément d'agent :**

1 - They called this book "Oliver Twist".
2 - They need doctors in their country.
3 - Somebody has delivered this parcel.
4 - They make these clothes in India.
5 - We've seen this monster on television several times.
6 - It includes breakfast and lunch.
7 - This programme fascinates him.
8 - They built this road three years ago.

Dans les 3 exercices suivants, mettre les phrases à la voix passive ; n'exprimer le complément d'agent que si nécessaire :

140

1 - Somebody wrote her address on it.
2 - A dog bit me yesterday.
3 - The police will probably protect them.
4 - Somebody killed him in a car accident.
5 - His parents would send him to bed !
6 - They haven't cooked this meat properly.
7 - They sell vegetables in this shop.
8 - They broke a few seats during the concert.

141

1 - Millions of people will watch the match.
2 - Somebody wrote strange notes on the wall.
3 - Every night people heard horrible screams !
4 - People have recorded everything.
5 - A fire destroyed their house last year.
6 - They've taken two players to hospital.
7 - His Dad punishes him regularly !
8 - These strange people will probably frighten her !

142

1 - Her teacher always gives her good marks.
2 - He's sent her a telegram.

3 - The President has offered them a great book.
4 - Somebody gave him this toy for his birthday.
5 - They showed her the photos of their baby.
6 - They'll probably give me the biggest piece of cake.
7 - Somebody has shown me her new kitchen.
8 - They'll give him the medal next year.

143 **Mettre les phrases à la voix passive :**

1 - When did they hear the big noise ?
2 - Who have they sold this hotel to ?
3 - When did the lion attack him ?
4 - Which girl have they elected ?
5 - Why have they repaired it ?
6 - When will they choose the next one ?
7 - Why didn't they paint the walls ?
8 - What does she call her baby ?

144 **Mettre les verbes suivants à la voix passive, aux temps proposés :**

1 - do, présent
2 - learn, présent simple
3 - prepare, présent simple
4 - punish, prétérit
5 - not translate, present perfect
6 - copy, present perfect
7 - make, present perfect
8 - send, futur
9 - tell, prétérit
10 - avoid, prétérit

I'm a good pupil : my homework 1) ______ regularly, my lessons always 2) ______, my school things usually 3) ______ for the following day ... But last week I 4) ______ by my English teacher, who said to me : "Ann, your text 5) ______ properly, and these exercises 6) ______ ! Moreover, too many mistakes 7) ______ in this dictation, that's why you 8) ______ to the headmaster !" I started crying ... I couldn't understand why I 9) ______ off like that ! Eventually, the worst 10) ______ ...

LA FORME EN "-ING", l'INFINITIF

LA FORME EN "-ING"

1. Il peut s'agir d'un participe présent, qui sert à former la forme en -ing, à tous les temps :

He is cooking.

They have been dancing for hours.

2. Il peut s'agir d'un gérondif, qui s'emploie :

- derrière les verbes exprimant les goûts en général

to like, to love, to enjoy, to be fond of —> *aimer*
to dislike —> *ne pas aimer*
to hate —> *détester*
to be fed up with —> *en avoir assez de*
I don't mind —> *ça ne me dérange pas de*
I can't help —> *je ne peux m'empêcher de*

They're fed up with visiting museums.
—> *Ils en ont marre de visiter des musées.*
I don't mind going out in the rain.
—> *Ça ne me dérange pas de sortir sous la pluie.*

- derrière les prépositions

good, bad at —> *bon, mauvais en*
interested in —> *intéressé par*
instead of —> *au lieu de*
sorry for —> *désolé de*
what about, how about —> *et si on ...* (proposition)

Why don't you try, instead of laughing ?
—> *pourquoi n'essaies-tu pas, au lieu de rire ?*
What about washing it now ? —> *Et si on le lavait maintenant ?*

- derrière les verbes marquant le début, la poursuite ou la fin d'une action

to begin, to start —> *commencer*
to go on, to keep —> *continuer*
to stop —> *arrêter*

Keep trying ! —> *Continue d'essayer !*
And then he stopped crying. —> *Puis il s'arrêta de pleurer.*

- derrière "to see, to hear" pour insister sur la durée de l'action

I heard them singing. —> *Je les ai entendus chanter.*

➤ Le gérondif joue le rôle d'un nom, et en a les fonctions :

Buying a house is expensive. —> *Acheter une maison est cher.*
sujet

Before **leaving**, ring her. —> *Avant de partir, téléphone-lui.*
compl. circonstanciel

L'INFINITIF

1. L'infinitif sans "to" s'emploie :

- **derrière "let" —>** *"laisser faire"*, et **"make" —>** *"faire faire"*
  "let", "make" + nom ou pronom complément + base verbale sans "to"
  Let them start now ! —> *Laisse-les commencer maintenant !*
  He makes me laugh ! —> *Il me fait rire !*

- **derrière "to see, to hear" lorsque l'action est perçue entièrement**
  I saw him fall. —> *Je l'ai vu tomber.*

- **derrière les auxiliaires modaux "must, may, can, could", "should" et "needn't"**
  It may rain. —> *Il se peut qu'il pleuve.*
  You needn't worry. —> *Inutile de t'inquiéter.*

2. L'infinitif complet s'emploie :

- **derrière les formes équivalentes des modaux "to have to, to be able to, to be allowed to, you've got to, you don't need to"**
  They had to stop the match. —> *Ils ont dû arrêter le match.*
  Will you be allowed to stay ? —> *Auras-tu la permission de rester ?*

- **derrière les verbes marquant la volonté, le souhait "to want, to hope, to ask, to promise, to expect" et "would like"**
  He expects to win a medal. —> *Il s'attend à gagner une médaille.*

➤ Ce groupe infinitif peut avoir un sujet propre ; cela devient alors une proposition infinitive. Lorsque ce sujet est un pronom, il est toujours à la forme complément :
He wanted **to talk** of something else. —> *Il voulait parler d'autre chose.*
He wanted **Mary to talk** of something else.
—> *Il voulait que Mary parle d'autre chose.*
He wanted **her to talk** of something else.
—> *Il voulait qu'elle parle d'autre chose.*
I expect **everybody to listen** to me.
—> *Je m'attends à ce que tout le monde m'écoute.*

- **pour exprimer le but :**
  I need money to buy a few clothes.
  —> *J'ai besoin d'argent pour acheter quelques vêtements.*

Dans les 2 exercices suivants, utiliser les éléments proposés entre parenthèses comme dans les exemples :

145 ***Exemple*** : She's going to the concert tonight. (her father)
—> Yes, I know ! Her father <u>wants her to go</u> to the concert tonight.

1 - He learns Greek at school. (his teachers)
2 - She always wears a hat. (her boss)
3 - He drinks water only. (his doctor)
4 - She goes shopping with her brother. (her parents)
5 - We go to the swimming pool every Tuesday. (our friends)
6 - They're moving to Hastings. (their cousins)
7 - He's selling his house. (his aunt)
8 - They're dancing together. (Mr and Mrs Tucker)

146 ***Exemple*** : He's painted the garage. (his brother)
—> Yes, I know. His brother <u>wanted him to paint</u> the garage.

1 - He's spent two weeks there. (his penfriend)
2 - She's bought her ticket. (her manager)
3 - They've joined a circus. (their friends)
4 - You've given a precise description of the robber. (the police)
5 - They've tested all the machines. (the scientists)
6 - She's brought her records. (Mike)
7 - He's told them how to use it. (the manager)
8 - We've met his wife. (Stephen)

Dans les 3 exercices suivants, compléter à l'aide de l'infinitif, avec ou sans "to", ou de la forme en "-ing" :

147 1 - I'd like people ______ me. (understand)
2 - May I ______ in ? (come)
3 - He must ______ older than his sister. (be)
4 - He doesn't want her ______ his car. (drive)
5 - They had ______ to bed early yesterday evening. (go)
6 - Do you think you'll be able ______ here ? (park)
7 - Would you like me ______ the radio off ? (turn)
8 - I'm afraid you'll have ______ a new book. (buy)

148 1 - Do they enjoy ______ ? (ski)
2 - It's easy ______. (read)
3 - ______ cricket is popular in England. (play)
4 - It was so horrible that it made me ______. (jump)
5 - Sorry for ______ late ! (be)
6 - He makes me ______, he's so funny ! (laugh)
7 - I don't mind ______ it down. (write)
8 - Thank you for ______ us. (invite)

149

1 - ______ has become very popular, too. (sail)
2 - I saw them ______ out. (go)
3 - What about ______ our teacher first ? (ask)
4 - Will she be able ______ it ? (translate)
5 - Why don't you ______ another competition ? (organize)
6 - Why did they want their uncle ______ the doctor ? (phone)
7 - Before ______ the house, close the windows. (leave)
8 - We've got ______ this report today ! (finish)

150 **Compléter à l'aide de l'infinitif, avec ou sans "to", ou de la forme en "-ing", des verbes suivants :**

1 - come
2 - join
3 - stay
4 - invite
5 - spend
6 - watch
7 - live
8 - come
9 - agree
10 - be

- "Hello, Nelly, how are you ?"
- "Not too bad, thank you."
- "Nelly, I'd like you 1) ______ to my birthday party next Saturday. Why not 2) ______ us, instead of 3) ______ alone ?"
- "Oh, thank you for 4) ______ me, Betty, it's very kind of you. You see, I don't mind 5) ______ most of my time at home, but it's true that sometimes I'm a bit fed up with 6) ______ television ! 7) ______ alone isn't always easy, you know !"
- "Well, come on, Nelly, listen to this, it will make you feel better, I'm sure : I'll invite Stephen, too. Do you think he'll be allowed 8) ______ ?"
- "Oh, Betty, that would be great ! His parents may 9) ______ ... Well, we'll see ... but I'd love him 10) ______ there !"

LA COORDINATION, LA SUBORDINATION

LA COORDINATION

Les conjonctions de coordination réunissent deux mots ou deux phrases de même nature ou de même fonction :

and —> *et*
or —> *ou*
but —> *mais*
both ... and —> *à la fois ... et*
either ... or —> *ou ... ou*
neither ... nor —> *ni ... ni*

Either you wait here or you leave the room !
—> *Ou tu attends ici ou tu quittes la pièce !*
I felt neither surprised nor frightened.
—> *Je ne me sentais ni surpris ni effrayé.*

LA SUBORDINATION

Il existe différentes sortes de propositions subordonnées :

1. Les subordonnées relatives (voir le chapitre page 74)
2. Les complétives, qui jouent le rôle de subordonnées, et qu'on trouve souvent derrière **"to say, to tell, to answer, to think"** ... Elles sont introduites par **"that"**, qui est très souvent sous-entendu :
   He told me (that) it would be difficult. —> *Il m'a dit que ce serait difficile.*
3. Les subordonnées circonstancielles introduites par des conjonctions de subordination exprimant :

Le temps	La cause	La condition	La concession L'opposition	Le but
when —> *quand* **as soon as** —> *dès que* **while** —> *pendant que* **before** —> *avant que* **after** —> *après que* **until = till** —> *jusqu'à ce que*	**because** —> *parce que* **as** —> *comme* **for** —> *car*	**if** —> *si*	**although** —> *bien que* **however** —> *cependant* **and yet** —> *et pourtant*	**so that** —> *pour que*

I'll try to finish it before she arrives.
—> *J'essaierai de le finir avant qu'elle n'arrive.*
It happened while they were practising outside.
—> *Cela s'est passé pendant qu'ils s'entraînaient dehors.*
Wait until she rings you.
—> *Attends qu'elle te téléphone. (jusqu'à ce que)*
As whe was ill, I didn't get in.
—> *Comme elle était malade, je ne suis pas entré.*
Although he's a good dentist, I don't trust him.
—> *Bien qu'il soit bon dentiste, je ne lui fais pas confiance.*
I'l write well, so that you can read it easily.
—> *J'écrirai bien, pour que tu puisses le lire facilement.*

➤ Dans les propositions subordonnées circonstancielles de temps, quand le verbe de la principale est au futur,

- le verbe de cette subordonnée se met au présent, et non au futur comme en français, derrière **"when, as soon as, while"**, quand les deux actions sont pratiquement simultanées :

  I'll work there **when I am** 25.

  —> *Je travaillerai là bas quand j'aurai 25 ans.*

- il se met au présent, alors qu'on a un subjonctif en Français, derrière **"before, after, until"** :

  He'll wait **until she arrives**.

  —> *Il attendra (jusqu'à ce) qu'elle arrive.*

151 Conjuguer les verbes au présent simple ou au futur en "will" :

1 - Do you think we'll have a good mark when we ______ the test next week ? (do)
2 - He'll be very happy when he ______ the address. (find)
3 - As soon as I ______ it I'll show it to you. (get)
4 - I'm sure he ______ an excellent doctor when he's older. (become)
5 - What ______ when she sees them together ? (she - say)
6 - How will they manage when he ______ working ? (stop)
7 - She won't be very pleased when she ______ yours is cheaper. (realize)
8 - It ______ easier when he gets a job. (be)

152 Compléter à l'aide des conjonctions voulues :

1 - You'll learn English ______ you go to school.
2 - Read your text carefully ______ you translate it.
3 - Wait ______ she arrives.
4 - ______ she wasn't feeling very well, she called the doctor.
5 - I'd like to finish my homework ______ Dad comes back.
6 - Where will you stay ______ you go to university ?
7 - It's very important : tell me ______ she phones you.
8 - ______ they were swimming, we were sunbathing on the grass.

153 Compléter à l'aide des conjonctions voulues :

I went to the dentist's yesterday, 1) ______ I had a terrible toothache. 2) ______ I was waiting, I suddenly felt very frightened. 3) ______ it wasn't the first time, I'd never been so scared ! I stood up, but 4) ______ I had time to go out, the dentist opened the door. "I'm sorry", he said, "you'll have to wait 5) ______ this gentleman's gone ; it won't be long ; I'll tell you 6) ______ I'm ready". 7) ______ he was speaking, I noticed two big pincers in his hand. 8) ______ I knew he was a good man, I started trembling. I thought : "I'll be out 9) ______ he comes back !" I took my bag, but 10) ______ I opened the door I heard a scream ...

LE DISCOURS INDIRECT

AU STYLE DIRECT, les paroles sont rapportées directement, entre guillemets :
He said : "sit down".

AU STYLE INDIRECT, elles sont rapportées indirectement.

- Il n'y a plus de guillemets ;
- les paroles sont introduites par les verbes **"to say, to tell, to think, to answer, to add" ...** s'il s'agit d'affirmations, et par **"to ask, to wonder, to want to know"...** s'il s'agit d'interrogations ;
- les phrases affirmatives peuvent être introduites par "that", mais cette conjonction de subordination est souvent omise :
  She thinks (that) it's going to rain.
- les phrases interrogatives auront maintenant la structure de phrases affirmatives, et seront introduites par un mot interrogatif ou par **"if, whether"** —> "*si* ":
  "Are you ready" ? —> She wants to know if you're ready.
  —> *Elle veut savoir si tu es prêt.*
  "Do you understand" ? —> She wonders if you understand.
  —> *Elle se demande si tu comprends.*
- les ordres deviennent des infinitifs :
  "Sit down" —> He told me to sit down.—> *Il m'a dit de m'asseoir.*

➤ Si le verbe de la principale est au présent, les temps ne changent pas.

➤ Si le verbe de la principale est au prétérit, il y a des changements de temps dans la subordonnée :

1) le présent simple devient prétérit simple (ou reste présent s'il exprime une vérité générale) :
"I am hungry". — > She said she was hungry.
2) le présent en -ing devient prétérit en -ing :
"They're reading." —> She answered they were reading.
3) le prétérit simple devient past perfect (s'il y a antériorité) **ou reste prétérit** s'il y a simultanéité :
"We cooked it". —> They said they'd cooked it.
4) le present perfect devient past perfect :
"We've found it". —> They said they'd found it.
5) le futur simple devient conditionnel :
"How will they find a job ?" —> They wondered how they would find a job.

➤ Si le verbe de la principale est au prétérit, certains mots changent aussi :

"now" devient "then"
"this" —> "that"
"these" —> "those"
"yesterday" —> "the day before"
"tomorrow" —> "the following day"

➤ On emploie **"to tell"** seulement si l'interlocuteur est mentionné :
He said he'd buy one. —> *Il a dit qu'il en achèterait un.*
He told me he'd work more. —> *Il m'a dit qu'il travaillerait davantage.*

Dans les 4 exercices suivants, utiliser les éléments proposés entre parenthèses pour mettre les phrases au style indirect :

154

1 - How much will these brochures cost ? (he wants to know)
2 - Where are you going on holiday ? (they'd like to know)
3 - Why don't you ask her politely ? (she doesn't understand)
4 - Who are they talking to ? (he wants to know)
5 - What can I do with this money ? (she wonders)
6- Which coat does he prefer ? (she's asking you)
7 - How long are you here for ? (they'd like to know)
8 - When will they move ? (he wants to know)

155

1 - Are they brave ? (he wants to know)
2 - Will you feel better after the test ? (she's asking you)
3 - Does she work in this firm ? (they don't know)
4 - Has she got a cat at home ? (he'd like to know)
5 - Are they going to have a look at it ? (she'd like to know)
6 - Does it happen regularly ? (she doesn't know)
7 - Do you come from Greece ? (he'd like to know)
8 - Will he use the bathroom every morning ? (she wonders)

156

1 - She's very nervous. (he said)
2 - Nobody will believe you. (she told Mike)
3 - They come from India. (they told us)
4 - He can't swim. (he told me)
5 - Come in ! (I asked her)
6 - We're going to get it. (they answered)
7 - They'll have to pay £ 100 a month. (he explained)
8 - She's just sent me a long letter. (he told us)

157

1 - Is she having her German lesson now ? (he wanted to know)
2 - Why is she still in bed ? (they didn't understand)
3 - How many birds can you see ? (she asked me)
4 - Does she understand ? (he wanted to know)
5 - Why is she going up ? (he asked us)
6 - How much will you give her ? (he asked me)
7 - Why do they always make so much noise ? (she didn't understand)
8 - Does he speak English well ? (he wanted to know)

158 **Transformer ce dialogue en récit :**

- "Mike, get up, it's seven o'clock."
- "I'm not going to school today."
- "What's the matter ? Are you ill ?"
- "Well, eh, no, I'm not, I have a Maths test this morning."
- "Oh, I understand ; I know you aren't very good at Maths. Are you sure you work enough ?"
- "I don't know, but I'll probably have a bad mark again !"
- "Oh, so, that's why you don't want to get up ! But Mike, if you don't, I'll tell your Dad, and he'll be furious !"

LES VERBES

LES VERBES TRANSITIFS

Ils sont suivis d'un complément d'objet direct, nom ou pronom :

He bought his car last year and sold it yesterday.
—> Il a acheté sa voiture l'an dernier et l'a vendue hier.

LES VERBES INTRANSITIFS

Ils peuvent être suivis de compléments circonstanciels :

He's playing in the garden. —> *Il joue dans le jardin.*

LES VERBES TRANSITIFS PREPOSITIONNELS

Ils sont suivis de deux compléments, l'un d'objet et l'autre d'attribution :

She showed her new bathroom to her neighbours.
—> Elle a montré sa nouvelle salle de bain à ses voisins.

Généralement, la préposition disparaît, et on inverse l'ordre des deux compléments :

She gave a nice present to me. —> She gave me a nice present.
They've offered a bike to us. —> They've offered us a bike.

LES VERBES PREPOSITIONNELS

Ils sont suivis d'une préposition et d'un complément indirect. En voici quelques exemples :

to agree with —> *être d'accord avec*
to begin with —> *commencer par*
to believe in —> *croire en*
to belong to —> *appartenir à*
to call on —> *rendre visite à*
to come from —> *venir de*
to consist in —> *consister en*
to depend on —> *dépendre de*
to disagree with —> *ne pas être d'accord avec*
to dream of —> *rêver de*
to feel like —> *avoir envie de*
to get away —> *s'en aller*
to get off —> *descendre (d'un bus)*
to get on —> *monter (dans un bus)*
to get out of —> *sortir de*
to go out with —> *sortir avec*
to hear from —> *recevoir des nouvelles de*
to hear of —> *entendre parler de*
to listen to —> *écouter*
to live on —> *vivre de*
to look after —> *s'occuper de*
to look at —> *regarder*
to look for —> *chercher*
to look forward to —> *attendre avec impatience*
to pay for —> *payer*
to run away with —> *s'enfuir avec*
to run into —> *rencontrer par hasard*
to run out of —> *manquer de*
to run over —> *écraser, réviser*
to send for —> *faire venir, appeler*
to smile at —> *sourire à*
to suffer from —> *souffrir de*
to talk about —> *parler de*
to think of —> *penser à*
to wait for —> *attendre*
to worry about —> *s'inquiéter au sujet de*

LES VERBES A PARTICULE

Ils sont suivis d'une particule adverbiale, ou postposition, avec laquelle ils forment un groupe inséparable phonétiquement, et parfois d'un complément indirect. En voici quelques exemples :

to bring back —> *rapporter*
to bring up —> *élever (des enfants)*
to come back —> *revenir*
to find out —> *découvrir*
to get up —> *se lever*
to go away, to get away —> *partir*
to grow up —> *grandir*
to give up —> *abandonner*
to keep on, to go on —> *continuer*
to pick up —> *ramasser*
to put on, to take off —> *mettre, enlever un vêtement*
to run away —> *se sauver*
to run down —> *descendre en courant*
to show in —> *faire entrer*
to shut up —> *se taire*
to sit down —> *s'asseoir*
to speak up —> *élever la voix*
to stand up —> *se lever*
to switch on, off —> *allumer, éteindre*
to take away —> *emporter*
to walk in, out —> *entrer, sortir en marchant*
to wake up —> *se réveiller*

Il ne faut pas confondre prépositions et postpositions :

Prépositions	Postpositions
• Ne sont pas accentuées • Sont toujours devant le complément, qu'il s'agisse d'un nom ou d'un pronom : He's listening to records. —> He's listening to them. • Sont souvent rejetées en fin de phrase si celle-ci commence par un pronom interrogatif ou relatif : Who are you talking to ? The man I was talking to is Mr Dunn.	• Sont accentuées • Se placent derrière le complément s'il s'agit d'un pronom, devant ou derrière s'il s'agit d'un nom : He put on his shirt. = He put his shirt on. —> He put it on. • Ne sont pas forcément suivies d'un complément : Speak up !

159 **Faire disparaître la préposition, et inverser l'ordre des compléments, comme dans l'exemple :**

***Exemple* :** He's given a record to my brother.
—> He's given my brother a record.

1 - She sent nice photos to us.
2 - Don't forget to give my letter to your teacher.
3 - Why do you ask such stupid questions to them ?
4 - He's shown an interesting book to me.
5 - You'll give the answer to her, won't you ?
6 - Does he often offer flowers to you ?
7 - Can you show your History book to me ?
8 - She's promised to send a few pictures to them.

Dans les 2 exercices suivants, compléter à l'aide des pré- ou postpositions voulues :

160
1 - They come ______ Scotland.
2 - Why don't you listen ______ your teachers more carefully ?
3 - She's lost her purse, she's looking ______ it.
4 - Sit ______ please !
5 - What time do they get ______ in the morning ?
6 - She's probably thinking ______ her boyfriend again !
7 - Wake ______ Jim, it's 8 o'clock.
8 - Don't worry, we'll come ______ next year.

161
1 - She never agrees ______ her parents.
2 - We're getting ______ at the next stop.
3 - I'm sure she doesn't believe ______ such nonsense !
4 - Oh, it's too difficult, I give ______ !
5 - Go ______ working and you'll get good marks.
6 - Can you switch the television ______ please, I'd like to watch the news.
7 - Get ______ immediately, you're too impolite !
8 - Shut ______, will you !

162 **Compléter à l'aide des pré- ou postpositions voulues :**

- "Sit 1) ______ everybody, and be quiet."
- "Sir, I'm afraid I've left my English book at home ..."
- "Can you speak 2) ______, Mary, I can't hear you."
- "I've left ..."
- "Oh, I see ! Well, you'll have to bring it 3) ______ tomorrow. Let's go 4) ______."
- "Excuse me, Sir, but my parents were 5) ______ yesterday evening ; I had to look 6) ______ my little sister, and I couldn't do my exercises ; then, this morning, I woke 7) ______ late and ..."
- "All right, Kate, I understand ! Well ... Eh, Bob and John, shut 8) ______ ! Anyway, what are you talking 9) ______ ?"
- "Eh, well ..."
- "You're laughing 10) ______ me, all of you, aren't you !"

LES ADVERBES

Ils servent à intensifier, ou à atténuer, le sens des verbes, adjectifs ou autres adverbes.
Certains sont simples : "here, there, never" ..., d'autres formés de plusieurs mots : "last year", d'autres dérivés d'adjectifs, à l'aide du suffixe "-ly" : "slowly, quickly" ...

Fréquence, temps	Manière	Appréciation	Lieu
afterwards —> *ensuite* **already** —> *déjà* **always** —> *toujours* **at once** —> *de suite* **before** —> *avant* **last week** —> *la semaine dernière* **next year** —> *l'an prochain* **now** —> *maintenant* **seldom** —> *rarement* **sometimes** —> *quelquefois* **soon** —> *bientôt* **then** —> *alors* **tonight** —> *ce soir* **usually** —> *d'habitude*	**carefully** —> *soigneusement* **politely** —> *poliment* **quickly, fast** —> *vite* **slowly**—> *doucement* **suddenly** —> *soudain*	**above all** —> *par dessus tout* **enough** —> *assez* **even** —> *même* **hardly** —> *à peine* **a little, a bit** —> *un peu* **nearly** —> *presque* **quite** —> *tout-à fait* **rather** —> *plutôt* **too** —> *trop* **very, very much** —> *très*	**here** —> *ici* **inside** —> *à l'intérieur* **outside** —> *à l'extérieur* **there, over there** —> *là-bas*

LEUR PLACE

➤ Il ne faut jamais séparer le verbe du complément direct :
I like tea very much. —> *J'aime beaucoup le thé.*

➤ En général, l'adverbe se place devant le mot qu'il modifie :
It was rather difficult. —> *C'était plutôt difficile.*
I hardly know him. —> *Je le connais à peine.*

➤ Les adverbes de temps précis se placent en début ou en fin de phrase :
Last week they met Bob. —> *La semaine dernière ils ont rencontré Bob.*

➤ Les adverbes de fréquence et de manière se placent devant le verbe, mais derrière "be" et les auxiliaires aux temps composés :
They never travel by train. —> *Ils ne voyagent jamais en train.*
I've often heard that song. —> *J'ai souvent entendu cette chanson.*

➤ **"enough"** se place devant le nom, mais derrière l'adjectif et le verbe :
Have you got enough money ? —> *As-tu assez d'argent ?*
It's long enough. —> *C'est assez long.*
You've drunk enough ! —> *Tu as assez bu !*

➤ **Il ne faut pas confondre :**

1) "already" : "*déjà*" (quelque chose est arrivé plus tôt que prévu) :
You've already started ! —> *Tu as déjà commencé !*

2) "ever" : "*déjà*" (jusqu'à maintenant), surtout dans les phrases interrogatives, et après les superlatifs :
Have you ever seen a tiger ? —> *As-tu déjà vu un tigre ?*

3) "yet" : "*déjà*", dans les phrases interrogatives, "*pas encore*", dans les phrases négatives et "pourtant", dans les phrases affirmatives :
She hasn't answered me yet ! —> *Elle ne m'a pas encore répondu !*
He suffers, and yet he smiles all the time !
—> *Il souffre, et pourtant il sourit tout le temps !*

4) "still" : "*encore*" (une action continue, et nous en sommes un peu surpris), surtout dans les phrases affirmatives ; se place devant le verbe :
He's still working ! —> *Il est encore en train de travailler !*

5) "again" : "*encore*" (idée de répétition) ; se place en fin de phrase :
He's hit her again ! —> *Il l'a encore frappée !*

Dans les 2 exercices suivants, placer les adverbes entre parenthèses aux endroits voulus :

163

1 - It wasn't interesting. (very)
2 - They've lived in the country. (always)
3 - Do you travel by train ? (often)
4 - It's dangerous for them ! (too)
5 - She repeats the same questions ! (always)
6 - He goes to bed at ten o'clock. (usually)
7 - I've heard that word. (already)
8 - Our children visit us on Sundays. (sometimes)

164

1 - Her children go out in the evening. (often)
2 - You've finished ! (already)
3 - I've translated a text into German. (never)
4 - She left the room. (quietly)
5 - He's given you one ! (already)
6 - We park here. (sometimes)
7 - They'll feel sorry for the boy ! (always)
8 - He's known his uncle. (never)

165 **Compléter à l'aide de "already, ever, again" ou "never" :**

1 - I've ______ received his letter ! He sent it yesterday !
2 - Here she is ______ !
3 - Have you ______ seen a panther ?
4 - What ! You've ______ had your birthday present !
5 - She's lost her keys ______ !
6 - Have you ______ driven a sports car ?
7 - I'm sorry but I've ______ heard of them.
8 - I've forgotten your name ______ !

166 Compléter à l'aide de "still, yet" ou "and yet" :

1 - It's ______ snowing, don't take the car.
2 - We haven't been to Africa ______.
3 - Do they ______ live in their flat ?
4 - When I arrived, they were ______ doing their homework.
5 - I haven't spent all my pocket money ______.
6 - Her father's just had an accident, ______ she's going on holiday !
7 - She's ______ frightened of insects.
8 - They haven't visited this museum ______.

167 Compléter à l'aide des adverbes voulus :

- "Oh, you've 1) ______ bought your clothes for Mark's party !"

- "Yes, I have ; what about you ? You aren't going to wear your old jeans 2) ______, are you ?"

- "Well, I 3) ______ don't know what to wear ..."

- "Have you 4) ______ been to Mark's and Spencer ?"

- "I've only been there once ; it's true that I don't 5) ______ go shopping. But I saw Jane 6) ______ week and she told me they had lovely trousers ... Unfortunately I haven't had time to go and have a look 7) ______."

- "Well, you'd better go as 8) ______ as possible ; as the sales are 9) ______ on, it's 10) ______ cheap ..."

LES VERBES IRREGULIERS

1)	to awake	awoke ; awaked	awoke ; awaked	s'éveiller
2)	to be	I was — you were	been	être
3)	to bear	bore	borne	supporter
4)	to beat	beat	beaten	battre
5)	to become	became	become	devenir
6)	to begin	began	begun	commencer
7)	to bend	bent	bent	plier
8)	to bet	bet	bet	parier
9)	to bite	bit	bitten	mordre
10)	to bleed	bled	bled	saigner
11)	to blow	blew	blown	souffler
12)	to break	broke	broken	casser
13)	to breed	bred	bred	élever
14)	to bring	brought	brought	apporter
15)	to build	built	built	construire
16)	to burn	burnt ; burned	burnt ; burned	brûler
17)	to burst	burst	burst	éclater
18)	to buy	bought	bought	acheter
19)	to catch	caught	caught	attraper
20)	to choose	chose	chosen	choisir
21)	to come	came	come	venir
22)	to cost	cost	cost	coûter
23)	to cut	cut	cut	couper
24)	to deal	dealt	dealt	distribuer, conclure une affaire
25)	to dig	dug	dug	creuser, bêcher
26)	to do	did	done	faire
27)	to draw	drew	drawn	dessiner
28)	to dream	dreamt ; dreamed	dreamt ; dreamed	rêver
29)	to drink	drank	drunk	boire
30)	to drive	drove	driven	conduire
31)	to eat	ate	eaten	manger
32)	to fall	fell	fallen	tomber
33)	to feed	fed	fed	nourrir
34)	to feel	felt	felt	se sentir
35)	to fight	fought	fought	se battre
36)	to find	found	found	trouver
37)	to flee	fled	fled	s'enfuir
38)	to fly	flew	flown	voler
39)	to forbid	forbade	forbidden	interdire
40)	to forget	forgot	forgotten	oublier
41)	to freeze	froze	frozen	geler
42)	to get	got	got	obtenir
43)	to give	gave	given	donner
44)	to go	went	gone	aller
45)	to grow	grew	grown	cultiver, pousser, grandir
46)	to have	had	had	avoir
47)	to hear	heard	heard	entendre
48)	to hide	hid	hidden	cacher
49)	to hit	hit	hit	frapper
50)	to hold	held	held	tenir
51)	to hurt	hurt	hurt	faire mal
52)	to keep	kept	kept	garder
53)	to kneel	knelt	knelt	s'agenouiller
54)	to knit	knit ; knitted	knit ; knitted	tricoter
55)	to know	knew	known	connaître, savoir
56)	to lay	laid	laid	étendre

57)	to lead	led	led	conduire, mener
58)	to leap	leapt ; leaped	leapt ; leaped	sauter
59)	to learn	learnt ; learned	learnt ; learned	apprendre
60)	to leave	left	left	quitter, laisser
61)	to lend	lent	lent	prêter
62)	to let	let	let	laisser
63)	to lie	lay	lain	être étendu
64)	to light	lit ; lighted	lit ; lighted	allumer
65)	to lose	lost	lost	perdre
66)	to make	made	made	fabriquer, faire
67)	to mean	meant	meant	signifier
68)	to meet	met	met	rencontrer
69)	to pay	paid	paid	payer
70)	to put	put	put	mettre
71)	to read	read	read	lire
72)	to ride	rode	ridden	aller en vélo, à cheval
73)	to ring	rang	rung	sonner, téléphoner
74)	to rise	rose	risen	se lever
75)	to run	ran	run	courir
76)	to say	said	said	dire
77)	to see	saw	seen	voir
78)	to sell	sold	sold	vendre
79)	to send	sent	sent	envoyer
80)	to set	set	set	placer
81)	to shake	shook	shaken	secouer
82)	to shine	shone	shone	briller
83)	to shoot	shot	shot	tirer (arme)
84)	to show	showed	shown	montrer
85)	to shut	shut	shut	fermer
86)	to sing	sang	sung	chanter
87)	to sink	sank	sunk	sombrer
88)	to sit	sat	sat	être assis
89)	to sleep	slept	slept	dormir
90)	to slide	slid	slid	glisser
91)	to smell	smelt ; smelled	smelt ; smelled	sentir
92)	to speak	spoke	spoken	parler
93)	to spell	spelt ; spelled	spelt ; spelled	épeler
94)	to spend	spent	spent	dépenser, passer du temps
95)	to spoil	spoilt ; spoiled	spoilt ; spoiled	gâter
96)	to spread	spread	spread	(s') étendre
97)	to stand	stood	stood	être debout
98)	to steal	stole	stolen	voler
99)	to stick	stuck	stuck	coller
100)	to swear	swore	sworn	jurer
101)	to sweep	swept	swept	balayer
102)	to swim	swam	swum	nager
103)	to take	took	taken	prendre
104)	to teach	taught	taught	enseigner
105)	to tear	tore	torn	déchirer
106)	to tell	told	told	raconter
107)	to think	thought	thought	penser
108)	to throw	threw	thrown	jeter
109)	to understand	understood	understood	comprendre
110)	to upset	upset	upset	renverser, bouleverser
111)	to wake	woke ; waked	woken ; waked	s'éveiller ; éveiller
112)	to wear	wore	worn	porter un vêtement
113)	to weep	wept	wept	pleurer
114)	to win	won	won	gagner
115)	to write	wrote	written	écrire

COMMENT ABORDER UN DOCUMENT

in the middle of —> *au milieu de*
on the left —> *à gauche*
on the right —> *à droite*
first —> *d'abord*
then —> *alors, ensuite*
at last —> *enfin*
finally ['ɑi-ə-i] —> *finalement*

a photograph —> *une photo*
a picture —> *une image, une photo, un dessin*
a painting —> *un tableau*
an advertisement, an advert, an ad —> *une annonce, une publicité*
a cartoon —> *un dessin humoristique, un dessin animé*
a comic strip —> *une bande dessinée*
a poster —> *une affiche, un poster*

a hero —> *un héros*
a character —> *un personnage*
a novel ['ʌ-ə] —> *un roman*
a science-fiction book —> *un livre de science-fiction*
a story —> *une histoire*
a writer —> *un écrivain*
to imagine —> *imaginer*

What's this book about ?	*Quel est le sujet de ce livre ?*
The story's about a man who lives in England.	*C'est l'histoire d'un homme qui vit en Angleterre.*
Can you tell me another story ?	*Peux-tu me raconter une autre histoire ?*
I suppose it takes place in England.	*Je suppose que ça se déroule en Angleterre.*
All's well that ends well.	*Tout est bien qui finit bien.*

to get a brochure —> *se procurer un dépliant*
to book a holiday —> *réserver des vacances*
to spend a holiday —> *passer des vacances*
to go on a journey —> *partir en voyage*
to be on a trip —> *être en voyage*

to take a plane —> *prendre un avion*
to fly [ɑi] —> *prendre l'avion, voler*
the departure —> *le départ*
the arrival [ə-'ɑi-ə] —> *l'arrivée*
to go abroad —> *partir à l'étranger*

to have a rest —> *se reposer*
to relax [i-'æ] —> *se détendre*
to sunbathe —> *prendre un bain de soleil*
to stay at a hotel —> *rester dans un hôtel*
at the seaside —> *au bord de la mer*
at the mountain —> *à la montagne*
in the country —> *à la campagne*
to be seasick —> *avoir le mal de mer*
on a desert island —> *sur une île déserte*
in the jungle —> *dans la jungle*
on the coast [əu] —> *sur la côte*
a foreigner ['ɔ-i-ə] —> *un étranger*

He's on a trip / on a journey.	*Il est en voyage.*
I've booked up my holiday.	*J'ai réservé mes vacances.*
Do you like travelling ?	*Aimes-tu voyager ?*
I spent a few days in Brighton in July.	*J'ai passé quelques jours à Brighton en juillet.*
Did you have a good holiday ?	*As-tu passé de bonnes vacances ?*
They're on holiday.	*Ils sont en vacances.*

LES MOYENS DE TRANSPORT

the railway —> *le chemin de fer*
on board a ship —> *à bord d'un bateau*
the crew [u:] —> *l'équipage*
the deck —> *le pont*
a wave [ei] —> *une vague*
a lifeboat —> *un canot de sauvetage*
a lighthouse —> *un phare*
rough [rʌf] —> *agité (pour la mer)*
calm —> *calme*
to sink —> *couler*

on a bus —> *en autobus*
to get on a train —> *monter dans un train*
to get off a bus —> *descendre d'un autobus*
the fare —> *le prix du billet*
a coach —> *un autocar*
a passenger —> *un passager*
a conductor —> *un receveur*
a single ticket —> *un aller simple*
a return ticket —> *un aller et retour*
a seat [i:] —> *un siège*

at the airport —> *à l'aéroport*
to catch a plane —> *attraper un avion*
to land —> *atterrir*
to take off —> *décoller*
to arrive safely —> *arriver à bon port*
a flight [ai] —> *un vol*

I'm sea-sick.	*J'ai le mal de mer.*
He's a good sailor.	*Il a le pied marin.*
We had a rough crossing.	*Nous avons eu une traversée agitée.*
And then everybody got off the bus.	*Puis tout le monde descendit de l'autobus.*
Can I have a return ticket to Chatham please ?	*Puis-je avoir un billet aller et retour pour Chatham s'il vous plaît ?*

EN VOITURE

an engine —> *un moteur*
a boot [u:] —> *un coffre*
a wheel [i:] —> *une roue*
a steering wheel —> *un volant*
a mirror —> *un rétroviseur*
a tyre [aiə] —> *un pneu*

to take the driving test —> *passer le permis de conduire*
the driving instructor —> *le moniteur d'auto école*
to have a driving lesson —> *prendre une leçon de conduite*

a traffic jam —> *un embouteillage*
a lot of traffic —> *beaucoup de circulation*
traffic lights —> *les feux de signalisation*
some oil —> *de l'huile*
to fill up —> *faire le plein*

to look in the mirror —> *regarder dans le rétroviseur*
to start a car —> *mettre une voiture en route*
to brake [ei] —> *freiner*
to slow down —> *ralentir*
on the motorway —> *sur l'autoroute*
to park a car —> *garer une voiture*
to cross the road —> *traverser la route*
a pedestrian —> *un piéton*

Fill it up !	*Faites le plein !*
Don't forget to fasten your seat belt !	*N'oublie pas d'attacher ta ceinture de sécurité !*
Check the oil !	*Vérifie l'huile !*
We hired a car last week.	*Nous avons loué une voiture la semaine dernière.*
The traffic lights were red.	*Le feu était rouge.*

LES ACCIDENTS

to have a car crash —> *avoir un accident de voiture*
to crash —> *s'écraser*
to drive at 60 miles per hour —> *conduire à 60 m. à l'heure*
to respect the speed limit —> *respecter la limitation de vitesse*
a driver —> *un conducteur*
a passenger —> *un passager*

to drive fast —> *conduire vite*
to drive slowly —> *conduire doucement*
to slow down —> *ralentir*
to brake [ei] —> *freiner*
a victim —> *une victime*
to be hurt —> *être blessé*

to burn [ə:] —> *brûler*
a fire [aiə] —> *un feu, un incendie*
flames [ei] —> *des flammes*
an active volcano —> *un volcan en activité*
an eruption —> *une éruption*
to tremble —> *trembler*

safe [ei] —> *hors de danger*
calm —> *calme*
self-possessed —> *qui garde son sang-froid*
to be afraid, to be frightened, to be scared —> *avoir peur*
to frighten —> *effrayer, faire peur*
to be terrified —> *être terrifié*
to shake with fear —> *trembler de peur*

He died in a plane crash.	*Il est mort dans un accident d'avion.*
His car crashed into a tree.	*Sa voiture a percuté un arbre.*
All the passengers are safe.	*Tous les passagers sont sains et saufs.*
He frightened me last night.	*Il m'a fait peur hier soir.*
We had a narrow escape !	*Nous l'avons échappé belle !*

A LA CAMPAGNE

an orchard —> *un verger*
a fruit tree —> *un arbre fruitier*
to grow —> *pousser, croître*
a pasture —> *une pâture*
a meadow —> *une prairie*
a valley —> *une vallée*
a hill —> *une colline*
a river —> *une rivière*
on a bridge —> *sur un pont*
a lake [ei] —> *un lac*
deep [i:] —> *profond*
a wood —> *un bois*
a forest —> *une forêt*
thick —> *épais*
a leaf (pluriel : leaves) —> *une feuille*

a mushroom —> *un champignon*
on the square —> *sur la place*
a market —> *un marché*
a farm —> *une ferme*
a farmer —> *un fermier*
to cultivate —> *cultiver*
a field [i:] —> *un champ*

a bull —> *un taureau*
a calf [kɑ:f] **(pluriel : calves)** —> *un veau*
a sheep (pluriel : sheep) —> *un mouton*
a hen —> *une poule*
to lay eggs —> *pondre des oeufs*

He works on a farm.	*Il travaille dans une ferme.*
She likes picking flowers.	*Elle aime cueillir des fleurs.*
It's so colourful !	*C'est si coloré !*
Is this river deep ?	*Cette rivière est-elle profonde ?*
They breed sheep and cows.	*Ils élèvent des moutons et des vaches.*

EN VILLE

a moped ['məuped] —> *un vélomoteur*
a motorbike —> *une moto*
a zebra crossing —> *un passage pour piétons*
a pedestrian —> *un piéton*
on the pavement —> *sur le trottoir*
at the crossroads —> *au carrefour*
traffic lights —> *les feux de circulation*
a traffic jam —> *un embouteillage*
a skyscraper —> *un gratte-ciel*
a factory —> *une usine*
a firm —> *une compagnie, une firme*

a store —> *un magasin*
a shopping centre —> *un centre commercial*
to queue [iu:] —> *faire la queue*
an ad, an advert, an advertisement
—> *une annonce, une réclame*
to hurry —> *se dépêcher*
to rush [ʌ] —> *se précipiter*

It's crowded here !	*C'est plein à craquer ici !*
It's a long way from here.	*C'est loin d'ici.*
It's just round the corner.	*C'est juste au coin de la rue.*
Go straight on.	*Allez tout droit.*
And then turn right.	*Et puis tournez à droite.*
Can you tell me the way to the station please ?	*Pouvez-vous m'indiquer le chemin de la gare s'il vous plaît ?*
I'm afraid I've gone the wrong way.	*J'ai bien peur de m'être trompé de chemin.*

AU RESTAURANT

wine [ai] —> *du vin*
an orange squash —> *une orangeade*
a fruit juice —> *un jus de fruit*
a milk shake —> *un milk-shake*
food [u] —> *de la nourriture*
rice [ai] —> *du riz*
cabbage ['æ-i] —> *du chou*
chips —> *des frites*

a dish —> *un plat*
a slice of bread —> *une tranche de pain*
an apple pie —> *une tourte aux pommes*
beef [i:] —> *du boeuf*
mutton ['ʌ-ə] —> *du mouton*
pork [ɔ:] —> *du porc*
chicken —> *du poulet*
veal [i:] —> *du veau*

to be hungry —> *avoir faim*
to be thirsty —> *avoir soif*
a good meal —> *un bon repas*
delicious —> *délicieux*
a waiter —> *un serveur*
to choose [u:] —> *choisir*
to order —> *commander*
to change the menu —> *changer le menu*
the bill —> *l'addition*
cheap —> *bon marché*
to pay in cash —> *payer en espèces*

Help yourself !	*Servez-vous !*
What else will you have ?	*Que prendras-tu d'autre ?*
I fancy some cheese today.	*J'ai envie de fromage aujourd'hui.*
Here's to you !	*A votre santé !*
I'm starving !	*Je meurs de faim !*
Can you pass me the salt ?	*Peux-tu me passer le sel ?*
How about a bottle of wine ?	*Que dirais-tu d'une bouteille de vin ?*
Could I have the bill ?	*Pourrais-je avoir l'addition ?*
Can I take your order ?	*Puis-je prendre votre commande ?*

LES DIVERTISSEMENTS, LES JEUX

a video game —> *un jeu vidéo*
a computer —> *un ordinateur*
a model —> *une maquette*
to fly a kite —> *faire voler un cerf-volant*
to do crosswords —> *faire des mots croisés*
to play chess —> *jouer aux échecs*
to play draughts [drɑ:fts] —> *jouer aux dames*
to draw [ɔ:] —> *dessiner*
to paint [ei] —> *peindre*

to listen to music —> *écouter de la musique*
to do a sport —> *pratiquer un sport*
to invite friends —> *inviter des amis*
a guest —> *un invité*
a chatterbox —> *un bavard*
to have free time —> *avoir du temps libre*

Are you enjoying yourself ?	*Est-ce-que tu t'amuses bien ?*
I'm celebrating my birthday tomorrow.	*Je fête mon anniversaire demain.*
Why don't you come too ?	*Pourquoi ne viens-tu pas aussi ?*
It's very kind of you to invite us.	*C'est très gentil de ta part de nous inviter.*
I'm afraid I'm not free tonight.	*J'ai bien peur de ne pas être libre ce soir.*

LA MUSIQUE

a CD (compact disc) —> *un CD*
a record —> *un disque*
a record player —> *un tourne disque*
a tape —> *une bande magnétique, une cassette*
a cassette —> *une cassette*
a cassette recorder —> *un magnétophone à cassettes*
a hi-fi set —> *une chaîne hi-fi*
to listen to music —> *écouter de la musique*
a music lover —> *un mélomane*
a tune [iu:] —> *un air*

to give a concert —> *donner un concert*
a rock singer —> *un chanteur de rock*
a fan —> *un admirateur*
a star —> *une vedette*
a drummer —> *un batteur*
popular —> *populaire*
famous ['ei-ə] —> *célèbre*
a guitarist —> *un guitariste*
to play the drums —> *jouer de la batterie*
to play the violin ['ɑi-ə -i] —> *jouer du violon*
to play the piano —> *jouer du piano*
a band —> *un orchestre*
a musician [iu-'i-ə] —> *un musicien*

Do you play an instrument ?	*Joues-tu d'un instrument ?*
She sings out of tune !	*Elle chante faux !*
I'm one of his fans.	*Je suis l'un de ses admirateurs.*
The hi-fi set is on.	*La chaîne hi-fi est allumée.*
It's a great hit !	*C'est un succès fou !*

LA TELEVISION, LE CINEMA

to go to the cinema —> *aller au cinéma*
to book a seat —> *réserver une place*
a booking office —> *un bureau de location*
to win an Oscar —> *gagner un Oscar*
a film fan —> *un cinéphile*
to be successful —> *avoir du succès*
great —> *génial, terrible*
a fantastic success —> *un succès inouï*

to produce —> *produire, mettre en scène*
an actor —> *un acteur*
an actress —> *une actrice*
to act —> *jouer (au théâtre ou au cinéma)*

a telly, a television set —> *une télévision*
on television —> *à la télévision*
a good programme —> *un bon programme*
awful —> *affreux*
boring —> *ennuyeux*
exciting [i-'ɑi-i] —> *passionnant*
interesting —> *intéressant*

Switch that telly off !	*Eteins cette télé !*
Are you interested in films ?	*T'intéresses-tu aux films ?*
What's on at the Odeon ?	*Que joue-t-on à l'Odéon ?*
I don't like his latest film.	*Je n'aime pas son dernier film.*
It was great !	*C'était sensationnel !*
Have you ever acted before ?	*Avez-vous déjà fait du théâtre (ou du cinéma) auparavant ?*

LA FAMILLE

my wife [ɑi] —> *ma femme*
my husband —> *mon mari*
my aunt [ɑ:] —> *ma tante*
my daughter ['ɔ:-ə] —> *ma fille*
my son [ʌ] —> *mon fils*
my relatives —> *mes parents (membres de la famille)*
to look after, to take care of —> *s'occuper de*

to be in love with —> *être amoureux de*
to go to a wedding —> *aller à un mariage*
to marry somebody —> *épouser quelqu'un*
to get married —> *se marier*
to quarrel with ['ɔ-ə] —> *se disputer avec*
to expect a baby —> *attendre un bébé*
to bring up children —> *élever des enfants*

It was love at first sight.	*Ça a été le coup de foudre.*
They're married.	*Ils sont mariés.*
Why did she marry him ?	*Pourquoi l'a-t-elle épousé ?*
She's divorced.	*Elle est divorcée.*
All her relatives were there.	*Toute sa famille était là.*
She's expecting a baby.	*Elle attend un bébé.*

LA MAISON

a shelf —> *une étagère*
a painting —> *un tableau*
a carpet —> *un tapis, une moquette*
curtains —> *des rideaux*
a drawer [drɔ:] —> *un tiroir*
a wardrobe —> *une armoire (dans une chambre)*
a cushion —> *un coussin*
a blanket —> *une couverture*
a pillow —> *un oreiller*
twin beds —> *des lits jumeaux*
a bookcase —> *une bibliothèque (le meuble)*
a broom —> *un balai*
a dustbin —> *une poubelle*

a step —> *une marche*
to rent a house —> *louer une maison*
a neighbour —> *un voisin*
a bungalow ['ʌ-ə-əu] —> *un pavillon*
a cottage ['ɔ-i] —> *une petite maison (à la campagne)*
to decorate —> *décorer*
to hang a painting —> *accrocher un tableau*
to furnish —> *meubler*
the furniture —> *les meubles*
central heating —> *le chauffage central*
a radiator —> *un radiateur*
wallpaper —> *du papier peint*
to paper —> *tapisser*
to move [u:] —> *bouger, déménager*
wide [ɑi] —> *vaste*
inside ['i-'ɑi] —> *à l'intérieur*
outside ['ɑu-'ɑi] —> *à l'extérieur*

to dust —> *épousseter*
to iron [ɑiən] —> *repasser*
to lay the table —> *mettre la table*
to clear the table —> *débarrasser la table*
to prepare the meal —> *préparer le repas*
to hoover the carpet —> *passer l'aspirateur sur la moquette*
to prepare the meal —> *préparer le repas*

All the furniture is new, you'll have to be careful !	*Tous les meubles sont neufs, vous devrez faire attention !*
It's nicely furnished.	*C'est bien meublé.*
We're moving soon.	*Nous déménageons bientôt.*
We're going to have a house built.	*Nous allons faire construire une maison.*
What an awful mess !	*Quel horrible désordre !*

L'ECOLE

the curriculum [ə-'i-iu-ə] —> *le programme scolaire*
to prepare an exam —> *préparer un examen*
to sit for an exam —> *passer un examen*
to pass an exam —> *réussir un examen*
to fail in an exam —> *échouer à un examen*
to be good at —> *être bon en*
my favourite subject —> *ma matière préférée*
to learn —> *apprendre*

to forget —> *oublier*
to remember —> *se souvenir de*
a day off —> *un jour de congé*
a dictation —> *une dictée*
to make a mistake —> *faire une erreur*
to get good marks —> *obtenir de bonnes notes*
strict —> *sévère*
lazy —> *paresseux*
noisy —> *bruyant*
quiet [ɑiə] —> *calme*

He's a good pupil.	*C'est un bon élève.*
Are you good at English ?	*Es-tu bon en anglais ?*
Can you teach me how to draw ?	*Pouvez-vous m'apprendre à dessiner ?*
You must do your homework regularly.	*Tu dois faire tes devoirs régulièrement.*
It's as easy as ABC.	*C'est facile comme bonjour.*

LES METIERS

a worker —> *un ouvrier*
a bus driver —> *un chauffeur d'autobus*
a lorry driver —> *un conducteur de poids lourd*
a fireman —> *un pompier*
a stuntman —> *un cascadeur*
a shopkeeper —> *un commerçant*
a shop assistant —> *un vendeur*
a bank manager —> *un directeur de banque*
a model ['ɔ-ə] —> *un mannequin*
a pilot ['ɑi-ə] —> *un pilote*
a chemist ['kemist] —> *un pharmacien*
a clerk [ɑ:] —> *un employé*
an engineer —> *un ingénieur*
a scientist ['ɑi-ə-i] —> *un scientifique, un savant*

to become [i-'ʌ] —> *devenir*
to be busy —> *être occupé*
to have a good job —> *avoir un bon travail*
to go on —> *continuer*
common ['ɔ-ə] —> *ordinaire*
to expect —> *s'attendre à*
disappointed [ˌi-ə-'ɔi-i] —> *déçu*
to refuse a job —> *refuser un emploi*

How long have you been looking for a job ?	*Depuis combien de temps cherchez-vous du travail ?*
She has the necessary qualifications.	*Elle a les diplômes requis.*
I wouldn't like to work in an office.	*Je n'aimerais pas travailler dans un bureau.*
I'm not clever enough to become a doctor.	*Je ne suis pas assez intelligent pour devenir docteur.*
He expects his wife to find a job in town.	*Il s'attend à ce que sa femme trouve du travail en ville.*
I think it's boring.	*Je trouve que c'est ennuyeux.*

L'ARGENT

to make money out of —> *faire de l'argent avec*
to spend money on —> *dépenser de l'argent en*
to win a fortune —> *gagner une fortune*
to keep [i:] —> *garder*
to save money —> *mettre de l'argent de côté*
a treasure —> *un trésor*
a millionaire —> *un millionnaire*
to be rich —> *être riche*
to be poor —> *être pauvre*
to have pocket money —> *avoir de l'argent de poche*
to pay for something —> *payer quelque chose*
to pay by cheque —> *payer en chèque*
to pay in cash —> *payer en espèces*
to receive money from —> *recevoir de l'argent de*
to be in trouble —> *avoir des ennuis*

How much is it ? *Combien cela coûte-t-il ?*
It's a bit too expensive. *C'est un peu trop cher.*
I can't afford a new car. *Je ne peux pas m'offrir une nouvelle voiture.*
I'm afraid I haven't got enough money. *J'ai bien peur de ne pas avoir assez d'argent.*
Do you get any pocket money ? *Reçois-tu de l'argent de poche ?*

AU TELEPHONE

a phone call —> *un coup de téléphone*
a phone number —> *un numéro de téléphone*
a telephone box —> *une cabine téléphonique*
to phone a friend —> *téléphoner à un ami*
to answer the telephone —> *répondre au téléphone*
to ring up —> *téléphoner à*
to ring back —> *rappeler*

Can you speak up please ? *Pouvez-vous parler plus fort s'il vous plaît ?*
Hold on !, Hang on ! *Ne quittez pas !*
I'll see if he's in. *Je vais voir s'il est là.*
Can you call back later ? *Pouvez-vous rappeler plus tard ?*
The line's engaged. *La ligne est occupée.*
The line's dead. *Il n'y a plus de tonalité.*
You've got the wrong number. *Vous avez un mauvais numéro.*
What's your phone number ? *Quel est ton numéro de téléphone ?*

LE CORPS HUMAIN

eyebrows ['ai-au] —> *les sourcils*
an eyelid ['ai-:i] —> *une paupière*
eyelashes ['ai-æ-i] —> *les cils*
an ear —> *une oreille*
a chin —> *un menton*
a cheek —> *une joue*
a neck —> *un cou*
the back —> *le dos*
a shoulder —> *une épaule*
a knee [ni:] —> *un genou*
a finger —> *un doigt*

to seem, to look —> *sembler, avoir l'air*
to look at —> *regarder*
to look like —> *ressembler à*
to wear glasses —> *porter des lunettes*
to have straight hair —> *avoir des cheveux raides*

the mind [ai] —> *l'esprit*
the skin —> *la peau*
weak [i:] —> *faible*
strong —> *fort*
thin —> *mince, maigre*
tall —> *grand*
to grow bigger —> *grandir*
to grow older —> *vieillir*

What does he look like ?	*Comment est-il ?*
Like father like son.	*Tel père tel fils.*
You look tired.	*Tu as l'air fatigué.*
She looks her age.	*Elle fait bien son âge.*
She has a pimple on her nose.	*Elle a un bouton sur le nez.*
He's taller than his sister.	*Il est plus grand que sa soeur.*

LES VÊTEMENTS, LES BIJOUX

a tie [ai] —> *une cravate*
a glove [ʌ] —> *un gant*
a slipper —> *une pantoufle*
a collar —> *un col*
a button —> *un bouton*
a sock —> *une chaussette*
a scarf —> *une écharpe, un foulard*
a stick —> *un bâton, une canne*
a handkerchief ['hæŋkətʃif] —> *un mouchoir*

to put on —> *mettre*
to take off —> *enlever*
to wear clothes —> *porter des vêtements (sur soi)*
to carry —> *porter (transporter)*
to get dressed —> *s'habiller*
to get undressed —> *se déshabiller*

an earring —> *une boucle d'oreille*
a ring —> *une bague*
a bracelet ['ei-i] —> *un bracelet*
a necklace ['e-i] —> *un collier*
a watch —> *une montre*

gold —> *de l'or*
silver —> *de l'argent*
leather —> *du cuir*

What's your size ?	*Quelle est votre taille ?*
What colour are his new trousers ?	*De quelle couleur est son nouveau pantalon ?*
What's she wearing today ?	*Que porte-t-elle (comme vêtements) aujourd'hui ?*
It fits you like a glove.	*Ça te va comme un gant.*
It isn't very fashionable.	*Ça n'est pas tellement à la mode.*

LA SANTE, LA MALADIE

an illness —> *une maladie*
to be ill —> *être malade*
to be sick —> *vomir*
to have a temperature —> *avoir de la température*
to catch a cold —> *attraper froid*
to have (the) flu —> *avoir la grippe*
to fall ill —> *tomber malade*
to look pale —> *sembler pâle*
to feel tired —> *se sentir fatigué*
to feel worse —> *se sentir plus mal*
to feel better —> *se sentir mieux*
to spread —> *se propager*

to eat too much —> *trop manger*
to drink too much alcohol —> *boire trop d'alcool*
to be fat —> *être gras, gros*
to smoke —> *fumer*
a non-smoker —> *un non-fumeur*
a patient —> *un malade*
to be in good health —> *être en bonne santé*
to be fit —> *être en pleine forme*
to hope —> *espérer*
to discover new medicines —> *découvrir de nouveaux médicaments*

What's the matter with you ?	*Qu'y-a-t-il ?*
Are you all right ?	*Ça va ?*
I have a headache.	*J'ai mal à la tête.*
It hurts !	*Ça fait mal !*
He's the picture of health !	*Il respire la santé !*
He's a non-smoker.	*Il ne fume pas.*

LE SPORT

to do a sport —> *pratiquer un sport*
to practise —> *s'entraîner*
a team —> *une équipe*
to win —> *gagner*
a winner —> *un gagnant*
to lose —> *perdre*
a loser —> *un perdant*
to beat [i:] —> *battre*
a car race —> *une course de voitures*
a horse race —> *une course de chevaux*
to ride a horse —> *faire du cheval*

to skate [ei] —> *patiner*
a skater —> *un patineur*
ice skating —> *le patinage*
a skating rink —> *une patinoire*
a skateboard —> *un skateboard*
to roller-skate —> *faire du patin à roulettes*
to go skiing —> *partir au ski*
a skier —> *un skieur*

a table-tennis bat —> *une raquette de tennis de table*
a tennis racket —> *une raquette de tennis*
to serve —> *servir*
a referee [,e-ə-'i:] —> *un arbitre*
to score a goal —> *marquer un but*
to climb [klaim] —> *grimper*
to dive [ai] —> *plonger*

He's a real sportsman.	*C'est un vrai sportif.*
Are you interested in table-tennis ?	*T'intéresses-tu au tennis de table ?*
Is he good at tennis ?	*Est-il bon en tennis ?*
Can you dive ?	*Sais-tu plonger ?*
She doesn't enjoy swimming.	*Elle n'aime pas nager.*

LA RELIGION, LES SUPERSTITIONS

a church —> *une église*
to go to church —> *aller à l'église*
to pray [ei] —> *prier*
a priest [i:] —> *un prêtre*
a vicar —> *un pasteur*
God [ɔ] —> *Dieu*
the devil ['e-ə] —> *le diable*

to exist —> *exister*
to believe in —> *croire en*
to hope —> *espérer*
a superstition —> *une superstition*
to be superstitious —> *être superstitieux*
to appear [ə-'iə] —> *apparaître*
to disappear —> *disparaître*
a black cat —> *un chat noir*
to break a mirror —> *casser un miroir*
to walk under a ladder —> *passer sous une échelle*
number thirteen —> *le chiffre 13*

Do you believe in God ?	*Crois-tu en Dieu ?*
Cross your fingers !	*Croise les doigts !*
It brings bad luck !	*Ça porte malheur !*
Good luck !	*Bonne chance !*
Touch wood !	*Touche du bois !*

L'UNIVERS, LES EXTRATERRESTRES

a spaceman —> *un astronaute*
a spacecraft, a spaceship —> *un vaisseau spatial*
a flying saucer —> *une soucoupe volante*
a rocket —> *une fusée*

the universe —> *l'univers*
a planet —> *une planète*
a star —> *une étoile*
the earth [ə:] —> *la terre*
the world —> *le monde*
huge [hiu:dʒ] —> *énorme, immense*
space [ei] —> *l'espace*
to travel in space —> *voyager dans l'espace*
to reach the moon —> *atteindre la lune*
the speed of light —> *la vitesse de la lumière*

an extraterrestrial —> *un extraterrestre*
a Martian —> *un Martien*
a creature ['i:-ə] —> *une créature*
a UFO —> *un OVNI*
strange [ei] —> *étrange*
to land —> *atterrir*
to invade [i -'ei] —> *envahir*
an invader —> *un envahisseur*

Who was the first man who walked on the moon ?	*Qui fut le premier homme à marcher sur la lune ?*
Do you believe in Martians ?	*Crois-tu aux Martiens ?*
They say Martians have landed near here.	*Ils disent que des Martiens ont atterri près d'ici.*
It can't be true !	*Ça ne peut pas être vrai !*
I don't believe you !	*Je ne te crois pas !*

LA PROTECTION DES ANIMAUX

a gorilla —> *un gorille*
a hippo ['i-əu] —> *un hippopotame*
a rhino ['ɑi-əu] —> *un rhinocéros*
a giraffe —> *une girafe*
a panda ['æ-ə] —> *un panda*

a whale [ei] —> *une baleine*
a seal [i:] —> *un phoque*
a dolphin —> *un dauphin*
an elephant —> *un éléphant*
a cage [ei] —> *une cage*

a pet —> *un animal domestique*
a wild animal —> *un animal sauvage*
to bite [ɑi] —> *mordre*
to be in danger —> *être en danger*
to hunt [ʌ] —> *chasser*
to shoot at —> *tirer sur*

to disappear —> *disparaître*
to die [ɑi] —> *mourir*
to kill —> *tuer*
to destroy —> *détruire*
to protect —> *protéger*
the skin —> *la peau*
the fur —> *la fourrure*

Why not sign a petition ?	*Pourquoi ne pas signer une pétition ?*
What a pity !	*Quel dommage !*
We must do something to protect animals.	*Nous devons faire quelque chose pour protéger les animaux.*
Lots of species are disappearing.	*Beaucoup d'espèces disparaissent.*
Sometimes people are cruel to animals.	*Parfois les gens sont cruels envers les animaux.*

LE GOUVERNEMENT, LA ROYAUTE

a monarch ['mɔnək] —> *un monarque*
monarchy —> *la monarchie*
the Royal Family —> *la Famille Royale*
to reign —> *reigner*
to be at the head of —> *être à la tête de*
the government ['ʌ-ə-ə] —> *le gouvernement*
to govern —> *gouverner*
the Prime Minister —> *le Premier Ministre*
the crown [ɑu] —> *la couronne*
to be crowned —> *être couronné*
the Houses of Parliament —> *les Maisons du Parlement*
a king —> *un roi*
a queen —> *une reine*
to become —> *devenir*
to elect —> *élire*
a president —> *un président*

Who's at the head of this country ?	*Qui est à la tête de ce pays ?*
Have you ever met the Queen of England ?	*As-tu déjà rencontré la reine d'Angleterre ?*
He governs the country.	*Il gouverne le pays.*
How long has she been reigning ?	*Depuis combien de temps règne-t-elle ?*

LES PEUPLES

Great Britain —> *la Grande-Bretagne*
British —> *britannique*
England —> *l'Angleterre*
English —> *anglais*
Scotland —> *l'Ecosse*
Scottish —> *écossais*
Wales [ei] —> *le Pays de Galles*
Welsh —> *gallois*
Ireland ['ɑiə-ə] —> *l'Irlande*
Irish —> *irlandais*
the United Kingdom —> *le Royaume-Uni*
the United States —> *les Etats-Unis*
America —> *l'Amérique*
American —> *américain*

Germany —> *l'Allemagne*
German —> *allemand*
Italy —> *l'Italie*
Italian —> *italien*
Spain —> *l'Espagne*
Spanish —> *espagnol*
Canada —> *le Canada*
Canadian [ə-'ei-iə] —> *canadien*
Africa —> *l'Afrique*
African —> *africain*

a white man —> *un homme blanc*
a black man —> *un homme noir*
a coloured person —> *une personne de couleur*
a foreigner ['ɔ-i-ə] —> *un étranger*
an immigrant —> *un immigrant*
a race [ei] —> *une race*

to make differences between —> *faire des différences entre*
to be different from —> *être différent de*
to be the same as —> *être le même que*
to look like —> *ressembler à*
an underdeveloped country —> *un pays sous-développé*
to make laws —> *faire des lois*
to help —> *aider*
to protect —> *protéger*
to be poor —> *être pauvre*
to be hungry —> *avoir faim*
to starve —> *mourir de faim*
to die of —> *mourir de*

Which country does he come from ?	*De quel pays vient-il ?*
He thinks there are too many foreigners here.	*Il pense qu'il y a trop d'étrangers ici.*
Why don't they enjoy the same rights ?	*Pourquoi ne jouissent-ils pas des mêmes droits ?*
They aren't different from us !	*Ils ne sont pas différents de nous !*

LA VIOLENCE, LA GUERRE

a criminal —> *un criminel*
a murderer —> *un meurtrier, un assassin*
to murder —> *assassiner*
to kill —> *tuer*
to damage ['æ-i] —> *abîmer*
a thief [i:] —> *un voleur*
to arrest —> *arrêter*
a weapon —> *une arme*
a gun [ʌ] —> *un révolver, un pistolet*
fingerprints —> *des empreintes digitales*
to shout [ɑu] —> *crier*

to send to prison —> *envoyer en prison*
to protect —> *protéger*
free —> *libre*
to free —> *libérer*
dangerous —> *dangereux*
harmless —> *inoffensif*
violent ['ɑiə-ə] —> *violent*

a war [ɔ:] —> *une guerre*
to be at war —> *être en guerre*
to go to war against —> *entrer en guerre contre*
to make war on —> *faire la guerre à*
a battle —> *une bataille*
to attack —> *attaquer*
to fight against —> *se battre contre*
an army —> *une armée*
an enemy —> *un ennemi*
to win —> *gagner*
to lose [u:] —> *perdre*
to make peace —> *faire la paix*

He's been sent to prison.	*Il a été envoyé en prison.*
He's done for !	*Il est perdu !*
It's a good thing the death penalty has been abolished.	*C'est bien que la peine de mort ait été abolie.*
There's too much violence everywhere.	*Il y a trop de violence partout.*

LE MOUVEMENT

to stand up —> *se lever*
to get up —> *se lever (du lit), monter*
to get down —> *descendre*
to get on a ship, a bus —> *monter dans un bateau, un autobus*
to get off a train —> *descendre d'un train*
to get into —> *entrer dans*
to fall —> *tomber*
to put on, onto —> *poser sur*
to run out of —> *sortir en courant d'un endroit*
to drop —> *laisser tomber*
to drive along —> *longer en voiture*
to hold —> *tenir*
to follow —> *suivre*
to reach —> *atteindre*
to tear —> *déchirer*
to land —> *atterrir*
to take off —> *décoller, enlever un vêtement*
to put on —> *mettre un vêtement*

Come in !	*Entrez !*
Go away !	*Va-t-en !*
Get out of, get off that car !	*Descends de cette voiture !*
He's a stuntman, he jumps out of windows ...	*Il est cascadeur, il saute par les fenêtres ...*
They were driving along the river.	*Ils longeaient la rivière en voiture.*

LE TEMPS QUI PASSE

for ten minutes —> *pendant dix minutes, depuis dix minutes*
since 4 p.m. —> *depuis 4 h de l'après-midi*
two days ago —> *il y a deux jours*
last night —> *hier soir*
at midnight —> *à minuit*
at midday —> *à midi*
soon [uː] —> *bientôt*
one day —> *un jour*
in the past —> *dans le passé*
in the future —> *à l'avenir*
while [ɑi] —> *pendant que*
during —> *pendant*
on time —> *à l'heure*
a century —> *un siècle*

to go on —> *continuer*
to grow (up) —> *grandir*
to finish —> *finir*
recently —> *récemment*
suddenly —> *soudain*

Wait a minute !	*Attends une minute !*
They've been working for two hours.	*Ils travaillent depuis deux heures.*
How long has she been playing tennis ?	*Depuis combien de temps joue-t-elle au tennis ?*
We'll meet during the holidays.	*Nous nous rencontrerons pendant les vacances.*
She phoned me while I was getting dinner ready.	*Elle m'a téléphoné pendant que je préparais le dîner.*

TESTEZ VOTRE VOCABULAIRE

Pages 97 - 98 - 99

1 - He's looking for a job, that's why he always looks at the a______ in the newspaper.
2 - How many c______ are there in this book ?
3 - "Gone with the wind" is a famous n______.
4 - What's this book a______ ?
5 - She usually s______ her holidays in Scotland.
6 - The d______ is at 6 p.m., don't be late !
7 - I hate taking the boat, I'm always s______.
8 - The sea was r______, I didn't feel very well !
9 - Do you want a s______ ticket or a return ticket ?
10 - Can you tell me where I must get o______, please ?

Pages 100 - 101 - 102

11 - Stop, the l______ are red !
12 - Suddenly, he saw a dog in the middle of the road and he b______.
13 - I don't like driving on the m______ because all the cars go too quickly.
14 - Does your Dad always respect the s______ limits ?
15 - The driver was killed, but all the passengers were s______.
16 - We had a narrow e______ !
17 - My parents have a big o______, that's why we sell apples, pears ...
18 - Is this river d______ ?
19 - My uncle's a farmer, and he b______ cows and sheep.
20 - A hen l______ eggs.

Pages 103 - 104 - 105

21 - My brother got a m______ for his birthday ; before, he had a bike.
22 - Walk on the p______, it's safer.
23 - It's c______ here, there are too many people ! Let's go out !
24 - It isn't very far, it's just round the c______.
25 - I'm afraid you've gone the w______ way ! The station's at the other end of the town !
26 - We had to q______ for an hour ! There were lots of people waiting !
27 - I'm t______, let's have a cup of tea.
28 - Will you pay in c______ or by cheque ?
29 - I f______ some cheese, too.
30 - It's very k______ of you to invite us ! Thank you !

Pages 106 - 107 - 108

31 - Dad plays the violin, and John, my brother, plays the d______.
32 - He plays the guitar in a b______.
33 - All his films are s______, he's a very famous actor.

34 - Yes, I know him, he's a _____ in "Jaws".
35 - It was so b_____ that we switched the telly off.
36 - Are you interested i_____ cartoons ?
37 - I don't like his l_____ film ; I hope the next one will be better.
38 - They've got three children : two sons and a d_____
39 - It was love at first s_____.
40 - She's e_____ a baby, and she's delighted.

Pages 109 - 110 - 111

41 - It isn't their house, they r_____ it.
42 - The tables, the chairs, the cupboards ... all the f_____ is new, be careful !
43 - He never helps me when I l_____ the table !
44 - Could you h_____ the carpet, too ?
45 - Why are you m_____ ? Because this flat's too small !
46 - Did he p_____ his exam ? No, unfortunately he didn't !
47 - There's no school tomorrow, it's a day o_____
48 - She's a good pupil ; she always gets good m_____
49 - He's d_____ because he thought he'd get the job, but he didn't !
50 - He isn't c_____ enough to become a teacher !

Pages 112 - 113 - 114

51 - She s_____ a lot of money on clothes.
52 - I'm afraid I haven't got enough money : I can't a_____ this car.
53 - Can you a_____ the phone for me ? I'm busy.
54 - Could you r_____ back later, please ?
55 - I'm sorry, the line's e_____.
56 - You've got the w_____ number, Sir, this is Mrs Smith speaking.
57 - She can't see very well, that's why she wears g_____.
58 - What does he look l_____ ? He's tall, with dark hair.
59 - How annoying ! I've got a p_____ on my nose !
60 - She has s_____ hair and she isn't very tall.

Pages 115 - 116 - 117

61 - He always wears a t_____ when he goes out.
62 - Put your dirty s_____ in your shoes !
63 - What lovely e_____ ! Where did you buy them ?
64 - Do you like l_____ trousers ?
65 - I'd like to try one of these dresses, please. Yes, Madam, what's your s_____ ?
66 - She caught a c_____ last week, she must stay in bed for a few days.
67 - Her husband's getting old, but **she**'s in good h_____.
68 - What's the m_____ with you ? Are you ill ?
69 - He's disappointed because he's l_____ the race.
70 - How many goals did he s_____ yesterday ?

Pages 118 - 119 - 120

71 - Do you b_____ in God ?
72 - She's very s_____, she'll never have a black cat at home !
73 - Never walk under a l_____, it brings bad luck !
74 - He says he saw strange c_____ going out of funny-looking spaceships.
75 - The e_____ is round.
76 - Have you got a p_____ at home ? Yes, I've got two cats and one dog.
77 - Lots of s_____ are disappearing. We must do something to protect these animals.
78 - They h_____ and kill these animals because of their fur.
79 - The _____ is the biggest animal in the world.
80 - A g_____ is an animal with a very long neck.

Pages 121 - 122 - 123

81 - The Queen is at the h_____ of her country.
82 - How long has the King been r_____ ?
83 - He was born in Wales, he's W_____.
84 - There are lots of f_____ in London. You'll hear different languages there.
85 - Do you think they're different f_____ us ?
86 - They d_____ because they have nothing to eat. What a pity !
87 - The experts have found f_____ everywhere ; I'm sure they'll arrest the robbers soon.
88 - They'll s_____ him to prison for a few years.
89 - The death p_____ has been abolished in this state.
90 - I hope they'll make p_____ soon : everybody would like this war to stop !

Pages 124 - 125

91 - Could you s_____ up when a teacher comes in ?
92 - Get d_____ this wall immediately !
93 - He was running too fast, and he f_____ in the street.
94 - I saw her run o_____ of the shop.
95 - He's a stuntman, he j_____ out of windows ...
96 - They were driving a_____ the river when I saw them.
97 - He was cutting the lawn w_____ his wife was getting dinner ready.
98 - How l_____ have you been learning English ?
99 - I met them d_____ the holidays.
100 - She s_____ stopped speaking and started laughing.

Achevé d'imprimer en novembre 2003
sur les presses de l'imprimerie Campin 2000 à Tournai
Imprimé en Belgique

L'ANGLAIS EN CLASSE DE ... 4ème

vers la 3ème

GRAMMAIRE + EXERCICES + VOCABULAIRE

CORRIGES

A. SPRATBROW

ISBN : 2-903891-31-1

1 [s] —> 2, 7 [z] —> 1, 4, 5, 6 [iz] —> 3, 8

2 [s] —> 2, 3, 6 [z] —> 5, 7, 8 [iz] —> 1, 4

3 [s] —> 7, 8 [z] —> 2, 3, 4, 5 [iz] —> 1, 6

4 [s] —> 2, 4, 5, 7 [z] —> 3, 6, 8 [iz] —> 1

5 [s] —> 3, 7 [z] —> 2, 4, 5, 8 [iz] —> 1, 6

6 1) babies, 2) ladies, 3) boys, 4) flies, 5) hobbies, 6) stories, 7) toys, 8) puppies.

7 1) exercise book, 2) Christmas tree, 3) pedestrian crossing or zebra crossing, 4) detective story, 5) wedding ring, 6) grown-up, 7) straw hat, 8) swimming trunks.

8 1) fruit tree, 2) vacuum cleaner, 3) dishwasher, 4) skating rink, 5) alarm clock, 6) tennis court, 7) fur coat, 8) customs officer.

9 1) a, 2) a, 3) a, 4) a, 5) Ø, Ø, 6) an, 7) a, 8) a, Ø.

10 1) The boys I know are very bad surfers. 2) The houses they sell here are very cheap. 3) The men I know are horrible musicians. 4) The lorry drivers I know stay at home very often. 5) The children who live next door are very quiet. 6) The women who live here drink alcohol. 7) The pilots who work here are very poor. 8) The meetings I go to are very interesting.

11 1) a, 2) the, 3) the, 4) a, 5) the, Ø, 6) Ø, Ø, 7) a, a, 8) a.

12 1) Ø, 2) Ø, 3) a, 4) Ø, Ø, 5) Ø, Ø, 6) the, 7) Ø, 8) Ø, Ø.

13 1) Ø, 2) the, 3) Ø, Ø, 4) Ø, 5) Ø, Ø, 6) the, 7) the, 8) Ø.

14 1) a, 2) Ø, 3) Ø, 4) Ø, 5) Ø, 6) Ø, 7) Ø, 8) a, 9) an, 10) the, 11) the, 12) Ø, 13) Ø, 14) Ø, 15) Ø, 16) the, 17) the, 18) a, 19) the, 20) a.

15 1) It's three o'clock, 2) ten past four, 3) twenty to seven, 4) a quarter past eight, 5) twenty-five to ten, 6) five past eleven, 7) half past four, 8) ten to seven.

16 1) twelve, 2) twenty-one, 3) thirty-eight, 4) eighty-three, 5) sixty-seven, 6) ninety-nine, 7) seventy-five, 8) forty-four.

17 1) fifteen, 2) fifty, 3) seventy, 4) seventeen, 5) thirty, 6) thirteen, 7) forty, 8) fourteen.

18 1) two hundred and thirty-seven, 2) four hundred and fifty-eight, 3) seven hundred and thirteen, 4) five thousand, two hundred and twenty-three, 5) twelve thousand, seven hundred and forty-one, 6) five hundred and twenty-seven thousand, nine hundred and thirty-nine, 7) one thousand, two hundred and forty-three, 8) seventeen thousand, seven hundred and twenty-six.

19 1) the first, 2) the twenty-fourth, 3) the seventy-third, 4) the eighty-fifth, 5) the ninety-seventh, 6) the forty-sixth, 7) the thirty-eighth, 8) the twelfth.

20 1) nineteen eighty-four, 2) seventeen seventy-eight, 3) nineteen ninety-three, 4) fifteen fifteen, 5) sixteen thirty-seven, 6) seventeen thirty-three, 7) eighteen eighty-two, 8) nineteen fifty-four.

21 They came on 1)Wednesday the twentieth of April, nineteen twenty-five (20th), 2) Saturday the twelfth of May, nineteen ninety-two (12th), 3) Monday the thirty-first of August, seventeen eighty-nine (31st), 4) Friday the second of October, sixteen twenty-five (2nd), 5) Sunday the eleventh of September, eighteen thirty-three (11th), 6) Thursday the twenty-fifth of July, nineteen fifty-four (25th), 7) Tuesday the thirteenth of December, fifteen thirty-two (13th), 8) Wednesday the first of April, nineteen ninety-four (1st).

22 1) some, 2) any, 3) some, 4) any, 5) any, 6) some, 7) any, 8) no.

23 1) any, 2) no, 3) some, 4) any or some, 5) any, 6) some, 7) some, 8) no.

24 1) lots of, 2) much, 3) many, 4) many, 5) much, 6) lots of, 7) much, 8) many.

25 1) so many, 2) too many, 3) every, 4) too many, 5) every, 6) so many, 7) so much or too much, 8) too much.

26 1) how many, 2) many or so many, 3) too much, 4) so many, 5) how much, 6) much, 7) too many or so many, 8) so many.

27 1) a few, 2) a little, 3) a little, 4) few, 5) a few, 6) few, 7) little, 8) few.

28 1) much, 2) some, 3) many, 4) so many, 5) some, 6) any, 7) how much, 8) too many, 9) much, 10) a few.

29 1) something, 2) something, 3) nobody, 4) nobody, 5) anywhere, 6) nobody, 7) something, 8) anything.

30 1) somebody, 2) something, 3) nothing, 4) anything, 5) nobody, 6) everybody, 7) everybody, 8) anywhere or somewhere.

31 1) anything, 2) something, 3) nobody, 4) everywhere, 5) somebody, 6) everything, 7) anybody, 8) something.

32 1) everything, 2) anybody, 3) anything, 4) nobody, 5) something, 6) somebody, 7) nothing, 8) everything, 9) nobody, 10) everybody.

33 1) Tom's hobby, 2) the boy's name, 3) my sister's birthday, 4) Bob's job, 5) the manager's wife, 6) Sue's penfriend, 7) the boys' parents, 8) your brother's turn.

34 1) my husband's car, 2) this girl's bike, 3) your friends' rooms, 4) my grandparents' garden, 5) the doctor's visit, 6) Paul's moped, 7) the neighbours' dog, 8) Jane's uncle.

35 1) the, Ø, 2) Ø, Ø, 3) Ø, Ø, 4) the, 5) the, Ø, 6) Ø, Ø, 7) his, Ø, 8) Ø, my.

36 1)his, 2) their, 3) his, 4) her, 5) our, 6) his, 7) their, 8) its.

37 1) Whose camera is it ? It's Dad's. Are you sure it's his ? 2) Whose shop is it ? It's Mrs Benson's. Are you sure it's hers ? 3) Whose bag is it ? It's the neighbour's. Are you sure it's his or hers ? 4) Whose office is it ? It's the headmaster's. Are you sure it's his ? 5) Whose shoes are they ? They're my sisters'. Are you sure they're theirs ? 6) Whose motorbike is it ? It's ours. Are you sure it's yours ? 7) Whose trousers are they ? They're mine. Are you sure they're yours ? 8) Whose children are they ? They're my cousins'. Are you sure they're theirs ?

38 1) hers, 2) his, 3) mine, 4) hers, 5) theirs, 6) its, 7) yours, 8) theirs.

39 1) his, 2) Kate's, 3) our, 4) his, 5) our, 6) Jane's, 7) her, 8) my, 9) your, 10) yours.

40 1) she, us, 2) we, them, 3) him, 4) they, us, 5) she, her, them, 6) they, them, 7) he, we, them, 8) them, it.

41 1) her, 2) them, 3) them, 4) him, 5) him, 6) us, 7) it, 8) me.

42 1) himself, 2) myself, 3) ourselves, 4) yourself, 5) herself, 6) ourselves, 7) himself, 8) themselves.

43 1) Ø, 2) yourself, 3) each other, 4) each other, 5) himself, 6) each other, 7) Ø, 8) ourselves.

44 1) Ø, 2) yourself, 3) it, 4) you, 5) me, 6) Ø, 7) Ø, 8) each other, 9) herself, 10) yourself.

45 1) wonderful, 2) hopeful, 3) careful, 4) successful, 5) beautiful, 6) helpful, 7) useful, 8) powerful.
Les mots "wonderful, successful, beautiful".

46 1) impolite, 2) unhappy, 3) unfriendly, 4) imperfect, 5) impatient, 6) unconscious, 7) unlucky, 8) unusual.

47 1) in, 2) with, 3) of, 4) at, 5) from, 6) of, 7) with, 8) at.

48 1) sad-looking, 2) dark-skinned, 3) blue-eyed, 4) friendly-looking, 5) white-faced, 6) long-haired, 7) four-legged, 8) funny-looking.

49 1) We have got very strict teachers at school. 2) He was a very successful young man at that time. 3) She says English is a difficult language. 4) The book I read yesterday was interesting and exciting, but too difficult. 5) My Maths teacher is a nice-looking young woman. 6) As he was poor, he lived in an old little house. 7) He is a wonderful little boy, with blonde hair and blue eyes. 8) The house is new, and so it is very expensive.

50 1) ice-covered, 2) snow-white, 3) nice-looking, 4) dark-haired, 5) white-skinned, 6) blue-eyed, 7) dark-blue, 8) light-green, 9) old-fashioned, 10) hand-made.

51 1) Yes, he's bigger than his brother. 2) Yes, it's more expensive than in Brighton. 3) Yes, they're earlier than last week. 4) Yes, it's easier than the first exercise. 5) Yes, it's better than yours. 6) Yes, she's more romantic than my friends. 7) Yes, it's more comfortable than this chair. 8) Yes, it's darker than in the cellar.

52 1) No, it isn't as cheap as in France. 2) No, it isn't as dirty as yours. 3) No, she isn't as pleasant as your Mum. 4) No, it isn't as exciting as football. 5) No, it isn't as noisy as your machine. 6) No, I'm not as tired as yesterday. 7) No, he isn't as old as your grandfather. 8) No, she isn't as intelligent as Jane.

53 1) not as noisy as, 2) more successful than, 3) more sensible than, 4) not as heavy as, 5) harder than, 6) more tolerant than, 7) not as good as, 8) not as interesting as.

54 1) hotter than, 2) more comfortable than, 3) as large as, 4) more difficult than, 5) not as friendly as, 6) safer, 7) as fast as, 8) happier.

55 1) heavier than, 2) longer than, 3) not as rich as, 4) better, 5) as careful as, 6) more monotonous than, 7) not as bad as, 8) as hard-working as.

56 1) longer, 2) less expensive than or it won't be as expensive as, 3) more interested in films than, 4) more attractive than, 5) bigger, 6) not as good as, 7) larger than, 8) as enthusiastic as.

57 1) longer, 2) darker than, 3) nicer, 4) not as tall as, 5) bigger, 6) prettier, 7) more beautiful than, 8) as intelligent as, 9) as happy as, 10) more important than.

58 1) Yes, it's probably the cheapest book in the shop. 2) Yes, she's probably the nicest girl in the village. 3) Yes, it's probably the funniest story in the book. 4) Yes, it's probably the quickest train in England. 5) Yes, it's probably the coldest place in Scotland. 6) Yes, it's probably the best cake in the shop. 7) Yes, it's probably the easiest exercise in the book. 8) Yes, he's probably the most successful businessman in London.

59 1) the nicest, 2) the biggest, 3) the most wonderful, 4) best, 5) the most exciting, 6) funniest, 7) the longest, 8) the oldest.

60 1) the most important, 2) best, 3) the loveliest, 4) the strongest, 5) worst, 6) the most frightening, 7) the poorest, 8) the largest.

61 1) the most horrible, 2) the smallest, 3) the most intelligent, 4) the youngest, 5) the worst, 6) the most precious, 7) the best, 8) the most popular.

62 1) the most extraordinary, 2) the biggest, 3) the nicest, 4) the cleverest, 5) the funniest, 6) the stupidest, 7) the worst, 8) the best, 9) the most exciting, 10) the most interesting.

63 1) is, 2) has, 3) cas possessif, is, 4) has, 5) is, 6) is, 7) cas possessif, is, 8) has.

64 1) are, 2) have, 3) is, 4) is, 5) is, 6) is, 7) have, 8) have.

65 1) they're, 2) their, 3) there are, 4) they're, 5) there, 6) their, 7) there, 8) their.

66 1) did, 2) don't, 3) does, 4) do, 5) didn't, 6) do, 7) did, 8) don't or didn't.

67 1) was, 2) did, 3) were, 4) had, 5) weren't, 6) didn't have, 7) was, 8) weren't.

68 1) had, 2) was, 3) is, 4) have, 5) didn't, 6) was, 7) were, 8) had, 9) weren't, 10) didn't.

69 [s] —> 1, 2, 6 [z] —> 3, 5 [iz] —> 4, 7, 8

70 [s] —> 5, 8 [z] —> 2, 3, 4 [iz] —> 1, 6, 7

71 1) isn't taking, 2) are they doing, 3) are waiting, 4) is reading, 5) is getting, 6) is sitting, 7) is John playing, 8) they are probably watching.

72 1) hates, 2) do you prefer, 3) wins, 4) don't believe, 5) shines, 6) does she sometimes read, 7) doesn't agree, 8) lives.

73 1) Who does he often help ? 2) What's he playing with ? 3) Where does she spend all her afternoons ? 4) What do you do when it rains ? 5) What does your grandmother enjoy doing ? 6) When does he usually call his secretary ? 7) Why is she smiling ? 8) How much does she spend on clothes every year ?

74 1) practises, 2) does he do, 3) finishes, 4) does, 5) are you doing, 6) don't have, 7) does she often visit, 8) does she do.

75 1) teaches, 2) is watching, 3) are talking, 4) does she want, 5) am going, 6) is making, 7) eats, 8) is raining.

76 1) are looking, 2) are having, 3) don't believe, 4) do you mean, 5) stays, 6) do you agree, 7) does it take, 8) are coming.

77 1) wears, 2) am going, 3) are having, 4) does, 5) pays, 6) do they meet, 7) am leaving, 8) does she travel.

78 1) am going, 2) hate, 3) enjoys, 4) doesn't like, 5) do you do, 6) depends, 7) don't feel, 8) doesn't happen, 9) are taking, 10) are having.

79 [t] —> 1, 2, 4, 5, 7 [id] —> 3, 6 [d] —> 8

80 [t] —> 3, 7 [id] —> 1, 4, 6 [d] —> 2, 5, 8

81 1) posted, 2) worked, 3) did they call, 4) did you talk, 5) looked, 6) did they move, 7) didn't realize, 8) didn't answer.

82 1) visited, 2) didn't hear, 3) celebrated, 4) saw, 5) wanted, 6) didn't think 7) needed, 8) did Christopher Columbus discover.

83 1) He became a pilot two years ago. 2) I played tennis for the last time one week ago. 3) She arrived ten minutes ago. 4) He told her the truth a few days ago. 5) She cleaned her windows three days ago. 6) I left England four months ago. 7) I took these photos two or three years ago. 8) He got his job a few months ago.

84 1) was sitting, 2) were you doing, 3) was shining, 4) were dancing, 5) was she smiling, 6) were fighting, 7) wasn't crying, 8) was thinking.

85 1) were talking, 2) had, 3) left, 4) was wearing, 5) was working, 6) did you give, 7) was walking, 8) died.

86 1) did she marry, 2) sold, 3) were you doing, 4) did you find, 5) was making, 6) fell, 7) was dancing, 8) did you do.

87 1) was taking, 2) did you start, 3) sold, 4) became, 5) I was only joking, 6) didn't take, 7) were working, 8) were they laughing.

88 1) spent, 2) enjoyed, 3) happened, 4) was visiting, 5) came, 6) asked, 7) spoke, 8) told, 9) went, 10) was listening, 11) noticed, 12) was standing, 13) was looking, 14) didn't understand, 15) was doing, 16) followed, 17) didn't think, 18) arrived, 19) was waiting, 20) felt.

89 1) have phoned, 2) has invited, 3) you've ever used, 4) have you ever sung, 5) have ever heard, 6) have moved, 7) has never won, 8) have lost.

90 1) Why are you looking so pleased ? I've just received a nice letter. 2) Why is he looking so sad ? His dog has just died. 3) Why is she looking so excited ? She's just seen a horror film. 4) Why is he looking so tired ? He's just run ten miles. 5) Why are you looking so disappointed ? I've just had a bad mark. 6) Why are you looking so unhappy ? I've just lost my best friend. 7) Why is he looking so jealous ? His wife has just left him. 8) Why are you looking so frightened ? I've just seen a big spider.

91 1) has been collecting - since, 2) have been translating - for, 3) have been practising - since, 4) has been smoking - for, 5) how long has it been snowing, 6) have been working - since, 7) has been learning - for, 8) have been living - since.

92 1) has Mum been cooking, 2) have invited, 3) have been living, 4) has been feeling, 5) has been learning, 6) have they been, 7) has been looking, 8) have cut.

93 1) did she type, 2) have you ever seen, 3) visited, 4) have sold, 5) you have already finished, 6) spent, 7) did they discover, 8) have bought.

94 1) have you ever seen, 2) saw, 3) went, 4) did you go, 5) left, 6) did you stay, 7) have already seen, 8) have ever heard, 9) travelled, 10) stopped.

95 1) Look, she's taking a cassette, what's she going to do with it ? I suppose she's going to listen to it. 2) He's wearing swimming trunks ... he's going to go to the swimming pool. 3) They're opening their books ... they're going to work. 4) Dad's switching the TV on ... he's going to watch the news. 5) Sue's getting dressed ... she's going to do her shopping. 6) He's taking his racket ... he's going to play tennis. 7) Mary's taking notes down ... she's going to make a speech. 8) They're buying dictionaries ... they're going to learn English.

96 1) If he gets married, his sister will be alone. 2) If she loses, he won't be happy. 3) If she succeeds, he'll give her a present. 4) If he becomes President, things won't change. 5) Even if you don't invite her, she'll come. 6) If you sell your car, you won't get much money out of it. 7) If she goes to bed now, she won't be tired tomorrow. 8) If you don't look for one, you won't find one.

97 1) are we going to visit, 2) will it take, 3) is going to be, 4) won't have, 5) will be, 6) is going to do, 7) will be, 8) am going to spend.

98 1) won't like, 2) is going to repair, 3) will be, 4) am going to change, 5) will punish, 6) will need, 7) will see, 8) will be.

99 1) will, 2) will, 3) shall, 4) will, 5) will, 6) shall, 7) will, 8) shall.

100 1) won't be, 2) there will probably be, 3) will hurry, 4) won't enjoy, 5) they will all live, 6) will work, 7) won't be, 8) will people travel, 9) will they eat, 10) will try.

101 1) would you like, 2) would be, 3) would write, 4) would you do, 5) would take, 6) would like, 7) wouldn't you prefer, 8) would probably understand.

102 1) What shall I bring him ? Well, if I were you I'd bring him a record. 2) Where shall I go on holiday ? ... I'd go to Hawaii. 3) What time shall I open my shop ? ... I'd open it at 9 a.m. 4) Which shirt shall I choose ? ... I'd choose the red one. 5) What shall I drink ? ... I'd drink an orange juice. 6) How many books shall I take ? ... I'd take about ten. 7) Where shall I sit ? ... I'd sit in the front row. 8) What shall I have for lunch ? ... I'd have a couple of sandwiches.

103 1) lived, 2) would be, 3) would go, 4) would have, 5) would spend, 6) would enjoy, 7) moved, 8) would spend, 9) wouldn't arrive, 10) would be.

104 1) must, 2) can't or mustn't, 3) must, 4) can't, 5) may or can, 6) can or must, 7) can, 8) must.

105 1) can't, 2) can, 3) may, 4) mustn't, 5) may, 6) can't, 7) can, 8) must.

106 Obligation —> 2, 4, 6, 7 Forte probabilité —> 1, 3, 5, 8
2) will have to tell, 4) will have to listen, 6) will have to use, 7) will have to take.

107 Permission —> 1, 3, 7 Eventualité —> 2, 4, 5, 6, 8
1) shall I be allowed to use, 3) you'll be allowed to have, 7) you'll be allowed to put.

108 1) I'll never be able to, 2) will have to, 3) I was never allowed to, 4) had to, 5) must, 6) will have to, 7) did you have to, 8) may.

109 1) won't be able to, 2) I'll ever be able to, 3) will have to, 4) will be allowed to, 5) will they have to, 6) will have to, 7) I'll never be able to, 8) will have to.

110 1) couldn't or wasn't able to, 2) had to, 3) were you allowed to, 4) did you have to, 5) had to, 6) had to, 7) can't, 8) could.

111 1) She can't stay because she's got to be in London at 5 p.m. 2) I can't explain it now because I've got to finish my exercises. 3) John can't do his homework because he's got to go windsurfing with his friends. 4) He can't do the washing-up because he's got to watch the news. 5) We can't do it tonight because we've got to go to the supermarket. 6) I can't relax now because I've got to type my letters. 7) She can't go to the swimming pool because she's got to write all her postcards. 8) I can't have breakfast with you because I've got to catch the next bus.

112 1) Things will have to change. 2) It may be dangerous to go out alone in the evening. 3) You can (or you may) come with us if you want to. 4) I hope you'll be able to sleep for a few hours. 5) They had to stop the match because it was too cold. 6) This house must be very old. 7) They may arrive late. 8) Will she be allowed to play in their team ?

113 1) Let's buy it ! 2) Let's try them on ! 3) Let's go for a walk ! 4) Let's have a cup of tea ! 5) Let's go and see it ! 6) Let's do it now ! 7) Let's translate it ! 8) Let's go and visit her !

114 1) Let them go ... 2) Don't let her wear ... 3) Don't let him put ... 4) Let them start ... 5) Don't let them carry ... 6) Let her go ... 7) Don't let her speak ... 8) Let him have ...

115 1) This story's ridiculous, don't believe it ! 2) Let's phone him or her ! 3) Don't let them go out every night ! 4) Don't cry, darling ! 5) Don't let her answer this question ! 6) Let's invite them next Saturday ! 7) Don't be stupid ! 8) Bring me another plate !

116 1) When are you leaving London ? 2) Whose children are these ? 3) Who's going to help her ? 4) Who will come next month ? 5) Who's doing the washing-up ? 6) How old is your sister ? 7) Where are they playing ? 8) When will he ring you ?

117 1) What does she learn at school ? 2) Where does she live ? 3) What did his pupils need ? 4) Where did Ken celebrate his birthday yesterday ? 5) Where does his father work ? 6) Who cooked the dinner last night ? 7) How long did it take them to get there ? 8) Who always understands the English lessons ?

118 1) Who wrote this article last week ? 2) What were you doing when you heard the noise ? 3) How many mistakes has she found in his dictation ? 4) When did it happen ? 5) What are you going to do ? 6) What has he decided (to do) ? 7) How long has she been helping them ? 8) Which skirt will she wear to go to school ?

119 1) Who found the answer ? 2) Who doesn't she agree with ? 3) How often does he write to his grandparents ? 4) Why can't they go to the States ? 5) Whose after-shave don't you like ? 6) Who was she looking at ? 7) How old was your sister when your mother died ? 8) Who did he work for, a few years ago ?

120 1) how many, 2) why, 3) who, 4) how, 5) how long, 6) which, 7) why, 8) where.

121 1) how, 2) who, 3) what, 4) when, 5) how, 6) how many, 7) what, 8) what.

122 1) aren't there, 2) don't you, 3) wasn't it, 4) wouldn't you, 5) didn't he, 6) does he, 7) isn't it, 8) hasn't she.

123 1) would you, 2) isn't there, 3) did they, 4) doesn't he, 5) aren't they, 6) doesn't it, 7) won't he, 8) have they.

124 1) So did his wife. 2) So did our English friends. 3) Neither does he. 4) So does my mother. 5) Neither can I. 6) Neither have we. 7) So did her parents. 8) Neither does she.

125 1) So did Mr Dunn. 2) So does he. 3) So did these books. 4) Neither did Harry. 5) so we. 6) So are the Americans. 7) Neither does my sister. 8) Neither was I.

126 1) don't you, 2) so do, 3) wouldn't it, 4) so do, 5) doesn't, 6) doesn't she, 7) didn't, 8) didn't she, 9) neither would I, 10) couldn't we.

127 1) what a, 2) what, 3) what a, 4) how, 5) what an, 6) how, 7) what, 8) how.

128 1) how, 2) what an, 3) what an, 4) how, 5) how, 6) what, 7) what a, 8) how.

129 1) so, 2) so, 3) such an, 4) such a, 5) such, 6) such, 7) so, 8) such.

130 1) such, 2) so, 3) such, 4) such a, 5) so, 6) so, 7) such, 8) such a.

131 1) how, 2) what a, 3) such a, 4) so, 5) so, 6) so, 7) what an, 8) such, 9) how, 10) so.

132 1) which, 2) who, 3) which, 4) which, 5) who, 6) who, 7) which, 8) who.

133 1) which —> The illness she's suffering from is serious. 2) which —> The animal you're talking about is a duck. 3) whom —> What's the name of the girl you're laughing at ? 4) which —> Tell me the word the text begins with. 5) whom —>The doctor we sent for came immediately. 6) which —>The house she dreams of is in the country. 7) whom —> Who's the boy she's waiting for ? 8) which —>The book I was looking for was in my room.

134 1) who, 2) which, 3) Ø, 4) which, 5) Ø, 6) who, 7) Ø, 8) who.

135 1) who, 2) which, 3) Ø, 4) which, 5) who, 6) Ø, 7) Ø, 8) Ø.

136 1) who, 2) Ø, 3) whose, 4) Ø, 5) Ø, 6) which, 7) whose, 8) who.

137 1) who, 2) whose, 3) which, 4) which, 5) Ø, 6) Ø, 7) who, 8) who, 9) Ø, 10) who.

138 1) He's been saved by a little girl. 2) The truth will be discovered by the best detective. 3) That book was written by Charles Dickens. 4) The news will be presented by James Call tonight. 5) We've been invited by the manager. 6) He was killed by the members of the tribe. 7) It's controlled by the government. 8) They've been helped out by the firemen.

139 1) This book was called "Oliver Twist". 2) Doctors are needed in their country. 3) This parcel has been delivered. 4) These clothes are made in India. 5) This monster's been seen on television several times. 6) Breakfast and lunch are included. 7) He's fascinated by this programme. 8) This road was built three years ago.

140 1) Her address was written on it. 2) I was bitten by a dog yesterday. 3) They'll probably be protected by the police. 4) He was killed in a car accident. 5) He'd be sent to bed by his parents. 6) This meat hasn't been cooked properly. 7) Vegetables are sold in this shop. 8) A few seats were broken during the concert.

141 1) The match will be watched by millions of people. 2) Strange notes were written on the wall. 3) Horrible screams were heard every night. 4) Everything has been recorded. 5)Their house was destroyed by a fire last year. 6) Two players have been taken to hospital. 7) He's regularly punished by his Dad. 8) She'll probably be frightened by these strange people.

142 1) She's always given good marks by her teacher. 2) She's been sent a telegram. 3) They've been offered a great book by the President. 4) He was given this toy for his birthday. 5) She was shown the photos of their baby. 6) I'll probably be given the biggest piece of cake. 7) I've been shown her new kitchen. 8) He'll be given the medal next year.

143 1) When was the big noise heard ? 2) Who has this hotel been sold to ? 3) When was he attacked by the lion ? 4) Which girl has been elected ? 5) Why has it been repaired ? 6) When will the next one be chosen ? 7) Why weren't the walls painted ? 8) What's her baby called ?

144 1) is done, 2) (are) always learnt, 3) (are) usually prepared, 4) was punished, 5) hasn't been translated, 6) have been copied, 7) have been made, 8) will be sent, 9) was told, 10) was avoided.

145 1) His teachers want him to learn Greek at school. 2) Her boss wants her always to wear a hat. 3) His doctor wants him to drink water only. 4) Her parents want her to go shopping with her brother. 5) Our friends want us to go to the swimming pool every Tuesday. 6) Their cousins want them to move to Hastings. 7) His aunt wants him to sell his house. 8) Mr and Mrs Tucker want them to dance together.

146 1) His penfriend wanted him to spend two weeks there. 2) Her manager wanted her to buy her ticket. 3) Their friends wanted them to join a circus. 4) The police wanted me to give a precise description of the robber. 5) The scientists wanted them to test all the machines. 6) Mike wanted her to bring her records. 7) The manager wanted him to tell them how to use it. 8) Stephen wanted us to meet his wife.

147 1) to understand, 2) come, 3) be, 4) to drive, 5) to go, 6) to park, 7) to turn, 8) to buy.

148 1) skiing, 2) to read, 3) playing, 4) jump, 5) being, 6) laugh, 7) writing, 8) inviting.

149 1) sailing, 2) go, 3) asking, 4) to translate, 5) organize, 6) to phone, 7) leaving, 8) to finish.

150 1) to come, 2) join, 3) staying, 4) inviting, 5) spending, 6) watching, 7) living, 8) to come, 9) agree, 10) to be.

151 1) do, 2) finds, 3) get, 4) will become, 5) will she say, 6) stops, 7) realizes, 8) will be.

152 1) when, 2) before, 3) until, 4) as, 5) before, 6) when, 7) when or as soon as, 8) while.

153 1) because, 2) as or while, 3) although, 4) before, 5) until, 6) when or as soon as, 7) while, 8) although, 9) before, 10) as soon as or when.

154 1) He wants to know how much these brochures will cost. 2) They'd like to know where we're going on holiday. 3) She doesn't understand why you don't ask her politely. 4) He wants to know who they're talking to. 5) She wonders what she can do with this money. 6) She's asking you which coat he prefers. 7) They'd like to know how long we're here for. 8) He wants to know when they'll move.

155 1) He wants to know if they're brave. 2) She's asking you if you'll feel better after the test. 3) They don't know if she works in this firm. 4) He'd like to know if she's got a cat at home. 5) She'd like to know if they're going to have a look at it. 6) She doesn't know if it happens regularly. 7) He'd like to know if you come from Greece. 8) She wonders if he'll use the bathroom every morning.

156 1) He said she was very nervous. 2) She told Mike nobody would believe him. 3) They told us they came from India. 4) He told me he couldn't swim. 5) I asked her to come in. 6) They answered they were going to get it. 7) He explained they'd have to pay £ 100 a month. 8) He told us she'd just sent him a long letter.

157 1) He wanted to know if she was having her German lesson then. 2) They didn't understand why she was still in bed. 3) She asked me how many birds I could see. 4) He wanted to know if she understood. 5) He asked us why she was going up. 6) He asked me how much I'd give her. 7) She didn't understand why they always made so much noise. 8) He wanted to know if she spoke English well.

158 1) Mum asked me to get up, because it was seven o'clock. I answered I wasn't going to school on that day. Of course she wanted to know what the matter was, and if I was ill. I told her I wasn't and, after hesitating, I told her I had a Maths test that morning. She said she understood, as she knew I wasn't very good at Maths. Then she asked me if I was sure I worked enough. I replied I didn't know, but I felt I'd probably have a bad mark again. My Mum sighed and realized that was why I didn't want to get up. But she added that if I didn't, she'd tell my Dad, and he'd be furious.

159 1) She sent us nice photos. 2) Don't forget to give your teacher my letter. 3) Why do you ask them such stupid questions ? 4) He's shown me an interesting book. 5) You'll give her the answer, won't you ? 6) Does he often offer you flowers ? 7) Can you show me your History book ? 8) She's promised to send them a few pictures.

160 1) from, 2) to, 3) for, 4) down, 5) up, 6) of, 7) up, 8) back.

161 1) with, 2) off, 3) in, 4) up, 5) on, 6) on, 7) out, 8) up.

162 1) down, 2) up, 3) back, 4) on, 5) out, 6) after, 7) up, 8) up, 9) about, 10) at.

163 1) It wasn't very interesting. 2) They've always lived ... 3) Do you often travel ... 4) It's too dangerous ... 5) She always repeats ... 6) He usually goes ... 7) I've already heard ... 8) Our children sometimes visit ...

164 1) Her children often go ... 2) You've already finished ! 3) I've never translated ... 4) She left the room quietly or she quietly left the room. 5) He's already given ... 6) We sometimes park ... 7) They'll always feel ... 8) He's never known ...

165 1) already, 2) again, 3) ever, 4) already, 5) again, 6) ever, 7) never, 8) again.

166 1) still, 2) yet, 3) still, 4) still, 5) yet, 6) and yet, 7) still, 8) yet.

167 1) already, 2) again, 3) still, 4) ever, 5) often, 6) last, 7) yet, 8) quickly, 9) still, 10) quite.

TESTEZ VOTRE VOCABULAIRE :

Pages 97 - 98 - 99

1) ads or adverts, 2) characters, 3) novel, 4) about, 5) spends, 6) departure, 7) seasick, 8) rough, 9) single, 10) off

Pages 100 - 101 - 102

11) lights, 12) braked, 13) motorway, 14) speed, 15) safe, 16) escape, 17) orchard, 18) deep, 19) breeds, 20) lays

Pages 103 - 104 - 105

21) moped or motorbike, 22) pavement, 23) crowded, 24) corner, 25) wrong, 26) queue, 27) thirsty, 28) cash, 29) fancy, 30) kind

Pages 106 - 107 - 108

31) drums, 32) band, 33) successful, 34) acted, 35) boring, 36) in, 37) latest, 38) daughter, 39) sight, 40) expecting

Pages 109 - 110 - 111

41) rent, 42) furniture, 43) lay, 44) hoover, 45) moving, 46) pass, 47) off, 48) marks, 49) disappointed, 50) clever

Pages 112 - 113 - 114

51) spends, 52) afford, 53) answer, 54) ring, 55) engaged, 56) wrong, 57) glasses, 58) like, 59) pimple, 60) straight

Pages 115 - 116 - 117

61) tie, 62) socks, 63) earrings, 64) leather, 65) size, 66) cold, 67) health, 68) matter, 69) lost, 70) score

Pages 118 - 119 - 120

71) believe, 72) superstitious, 73) ladder, 74) creatures, 75) earth, 76) pet, 77) species, 78) hunt, 79) whale, 80) giraffe

Pages 121 - 122 - 123

81) head, 82) reigning, 83) Welsh, 84) foreigners, 85) from, 86) die, 87) fingerprints, 88) send, 89) penalty, 90) peace

Pages 124 - 125

91) stand or shut, 92) down, 93) fell, 94) out, 95) jumps, 96) along, 97) while, 98) long, 99) during, 100) suddenly.

Achevé d'imprimer en octobre 2003
sur les presses de l'imprimerie Campin 2000
à Tournai, Belgique